CIDADANIA E EDUCAÇÃO

Jaime Pinsky

CIDADANIA E EDUCAÇÃO

Copyright© 1998 Jaime Pinsky
Todos os direitos desta edição reservados à
Editora Contexto (Editora Pinsky Ltda.)

Diagramação
Niulze Aparecida Rosa
Texto & Arte Serviços Editoriais

Revisão
Rose Zuanetti
Regina Machado
Texto & Arte Serviços Editoriais

Capa e ilustrações
José Luis Juhas

Foto do autor
Gustavo Cunha

Dados Internacionais de Catalogação na Publicação (CIP)
(Câmara Brasileira do Livro, SP, Brasil)

Pinsky, Jaime.
Cidadania e educação / Jaime Pinsky. – 10. ed., 4ª reimpressão. –
São Paulo : Contexto, 2017.

ISBN 978-85-7244-090-5

1. Cidadania – Brasil. 2. Educação – Brasil. I. Título

| 98-0676 | CDD-379.201 |

Índices para catálogo sistemático:
1. Cidadania e educação   379.201

2017

EDITORA CONTEXTO
Diretor editorial: *Jaime Pinsky*

Rua Dr. José Elias, 520 – Alto da Lapa
05083-030 – São Paulo – SP
PABX: (11) 3832 5838
contexto@editoracontexto.com.br
www.editoracontexto.com.br

Proibida a reprodução total ou parcial.
Os infratores serão processados na forma da lei.

Sumário

PREFÁCIO
Fábio Konder Comparato, 9

PENSANDO O BRASIL
Cidadania: conceito e prática, 17
A lei é igual para todos?, 20
O autoritarismo cordial, 23
Convivência ou morte, 26
Brasileiro é o maior, 30
Onde foi que nós erramos?, 33
Intermediar é preciso, 36

ATITUDES CIDADÃS
Atitudes cidadãs, 41
Nossa identidade cotidiana, 44
O país dos mais iguais, 47
A CPI e o caminhão de areia, 50
A classe média vai à cozinha, 53
Feliz Natal, dona Felícia, 56

PARA QUEM SÃO NOSSAS CIDADES?
Para quem são nossas cidades?, 61
Uma cidade sem sossego, 64
Ser pedestre em São Paulo, 68
O caos urbano, 71
A cidade esquecida, 74
São Paulo, meu amor, 78

PROFESSORES E POLÍTICA EDUCACIONAL
Onde está o professor?, 83
Salário justo, 86
É difícil gastar em educação?, 89
Livros para os professores, 92
Por uma escola de cidadãos, 95
Um choque educacional para o Brasil, 101

ESCOLA E CIDADANIA
Que escola dar ao povo?, 107
Participação de todos, 110
Cidadania se aprende na escola, 112
A educação, o público e o privado, 115
Pacto da mediocridade, 119
Em defesa da universidade, 121

O LIVRO TEM FUTURO?
Brasileiro não lê?, 127
O fim do livro, 131
A nova febre do livro, 133

Para todos os que acreditam
num país cidadão

Para Carla,
com amor

Os textos integrantes deste livro foram, em suas versões originais, publicados nos periódicos abaixo relacionados:

Cidadania: conceito e prática, *O Estado de S.Paulo*, 10.10.1996.
A lei é igual para todos?, *O Estado de S.Paulo*, 19.8.1997.
O autoritarismo cordial, *O Estado de S.Paulo*, 20.4.1995.
Convivência ou morte, *O Estado de S.Paulo*, 20.10.1995.
Brasileiro é o maior, *O Estado de S.Paulo*, 18.12.1996.
Onde foi que nós erramos?, *Folha de S.Paulo*, 6.11.1996.
Intermediar é preciso, *O Estado de S.Paulo*, 10.3.1997.

Atitudes cidadãs, *O Estado de S.Paulo*, 16.9.1995.
Nossa identidade cotidiana, *Folha de S.Paulo*, 8.7.1997.
O país dos mais iguais, *O Estado de S.Paulo*, 29.4.1995.
A CPI e o caminhão de areia, *O Estado de S.Paulo*, 2.2.1994.
A classe média vai à cozinha, *O Estado de S.Paulo*, 22.7.1995.
Feliz Natal, dona Felícia, *Folha de S.Paulo*, 6.1.1997.

Para quem são nossas cidades?, *O Estado de S.Paulo*, 21.8.1995.
Uma cidade sem sossego, *O Estado de S.Paulo*, 12.9.1996.
Ser pedestre em São Paulo, *O Estado de S.Paulo*, 16.3.1996.
O caos urbano, *O Estado de S.Paulo*, 8.7.1995.
A cidade esquecida, *texto inédito*.
São Paulo, meu amor, *O Estado de S.Paulo*, 25.1.1996.

Onde está o professor?, *O Estado de S.Paulo*, 24.5.1991.
Salário justo, *O Estado de S.Paulo*, 16.3.1992.
É difícil gastar em educação?, *O Estado de S.Paulo*, 2.2.1996.
Livros para os professores, *O Estado de S.Paulo*, 31.1.1995.
Por uma escola de cidadãos, *O Estado de S.Paulo*, 26.8.1994.
Um choque educacional para o Brasil, *Folha de S.Paulo*, 17.12.1997.

Que escola dar ao povo?, *O Estado de S.Paulo*, 3.4.1995.
Participação de todos, *O Estado de S.Paulo*, 5.8.1995.
Cidadania se aprende na escola, *O Estado de S.Paulo*, 4.10.1994.
A educação, o público e o privado, *O Estado de S.Paulo*, 10.11.1994.
Pacto da mediocridade, *O Estado de S.Paulo*, 21.3.1995.
Em defesa da universidade, *O Estado de S.Paulo*, 2.4.1996.

Brasileiro não lê?, *Jornal da USP*, 23.8.1992.
O fim do livro, *O Estado de S.Paulo*, 2.8.1993.
A nova febre do livro, *O Estado de S.Paulo*, 25.7.1997.

Prefácio

Fábio Konder Comparato

A análise dos costumes sociais foi objeto de um gênero literário, que teve seu ponto alto no século XVII. Manifestava-se sob a forma de comédias, fábulas ou apólogos, ou então de contos ou ensaios curtos, em que o autor dava, livremente, a sua visão pessoal sobre os fatos da vida cotidiana. Os cultores do gênero eram chamados moralistas (do latim *mos, moris*: costume). Portugal teve, nessa época, o padre Manuel Bernardes, que tanto inspirou, como se sabe, o nosso Machado de Assis, sobretudo nos contos. Mas a nação que mais brilhou nesse gênero literário foi, indiscutivelmente, a França, com La Bruyère, La Fontaine e Molière. Emile Auguste Chartier (1868-1951), sob o pseudônimo de Alain, retomou esse mesmo estilo três séculos depois, tornando-se o mestre incontestável de pelo menos duas gerações. Ele era professor de filosofia, escrevia regularmente em jornais e defendia com ardor a educação para a cidadania, considerando a escola pública como a instituição central da vida republicana.

Jaime Pinsky aproxima-se, sob muitos aspectos, de Alain. Tal como ele, considera-se antes de tudo um professor, que não limita seu magistério às salas de aula, mas sabe levá-lo também ao público através dos jornais. Tal como Alain, é um observador crítico dos costumes sociais e acredita na educação ética como meio de reformá-los. Escusa dizer que, a persistir nessa via, ele corre o risco de tornar-se uma *avis rara*, cada vez mais exótica em tempos de privatizações lucrativas e globalizações eficientes.

O título desta coletânea de ensaios resume as duas ideias centrais, comuns a todos eles. Se as nossas assim chamadas elites nunca tiveram a menor noção do que seja cidadania, nem por isso encontramo-nos diante de um caso desesperado: o remédio é obviamente a educação, encarada como tarefa maior de toda a sociedade. Tomando este livro como deve ser considerado, isto é, segundo nos ensinou Sócrates, como uma série de interrogações ao leitor, para que ele próprio dê à luz a verdade semeada em seu espírito, resolvi aceitar o jogo e fazer aqui, livremente, algumas breves reflexões que a leitura me inspirou.

Para Jaime Pinsky, a cidadania autêntica prende-se à ideia de contrato social, ou seja, a um complexo de direitos e deveres, que cada um de nós tem para com todos os outros. A noção de contrato social foi elaborada no dealbar da filosofia política moderna, fundamentando as reflexões de Hobbes, Locke, Montesquieu e sobretudo Rousseau. Dela, porém, o constitucionalismo liberal do século passado só retirou a ideia de direitos, ignorando os deveres. E, ainda por cima, de direitos próprios de uma relação que só comporta duas partes: é o indivíduo lutando contra o Estado.

Ora, uma das mais fecundas construções da teoria jurídica moderna é o reconhecimento da existência, a par dos contratos em que duas partes trocam entre si determinadas prestações (vendo o automóvel contra o recebimento do preço, alugo a casa mediante o pagamento de um aluguel mensal), também de contratos em que um número indefinido de partes (por isso, tais contratos são chamados plurilaterais) obrigam-se a colaborar (vale dizer, trabalhar em conjunto) na realização de um objetivo comum a todas elas. Hugo Grócio aplicou o esquema, já no começo do século XVII, para explicar como deveria ser o relacionamento dos diferentes Estados no plano internacional. Os atuais especialistas do direito privado passaram a utilizá-lo largamente, na análise dos contratos de sociedade mercantil ou de associação civil. A diferença de espírito, digamos assim, entre os contratos bilaterais e plurilaterais (também chamados sociais ou associativos) é enorme. Naqueles impera o interesse individual dos contratantes, cada um procurando beneficiar-se à custa do outro: o vendedor valoriza ao máximo a coisa que vende e o comprador esforça-se por pagar o menor preço. Nos contratos sociais, ao contrário, as partes não se colocam nunca como antagônicas, objetivando extrair a máxima vantagem do negócio, mas põem-se uma ao lado da outra, procurando conjugar esforços em vista do objetivo comum. Nos contratos bilaterais, só é proibido enganar o outro; nos contratos associativos, constitui falta grave não agir em harmonia com os associados.

Não é difícil transpor esta análise para o campo das ideias políticas e perceber que o liberalismo funda-se na ideia de que os cidadãos relacionam-se entre si e com o Estado, unicamente, sob a forma de contratos bilaterais, em que cada parte forceja por obter o lucro máximo. Ou seja, todas as relações sociais podem ser submetidas a uma análise de custo-benefício. Em sentido contrário, as várias correntes do socialismo humanista entendem que os cidadãos são sócios do mesmo empreendimento e companheiros da mesma comunidade: nenhum deles pode tirar proveito do outro, mas todos devem agir pelo bem comum, numa igualdade básica de condição social e econômica.

Para o neoliberalismo agressivo e arrogante de hoje, é preciso estender a toda a sociedade o princípio individualista, que Adam Smith enunciou para as relações econômicas capitalistas: se cada qual for diligente na realização de seus próprios interesses, todos sairão lucrando. Para o socialismo, muito ao contrário, constitui rematado absurdo imaginar que a harmonia social pode resultar de uma concorrência de egoísmos. Sem o respeito ao princípio da solidariedade (*solidum*, em latim, significa a totalidade), isto é, sem que cada cidadão seja, efetivamente, responsável pelo bem-estar de todos, jamais se chegará a construir uma sociedade livre e igualitária. A tríade famosa da Revolução Francesa forma um todo uno e indivisível.

É esta visão socialista ou solidarista, como se queira, que traduz o verdadeiro sentido da cidadania, nas origens. O *pólites* da Grécia antiga, que os romanos traduziram por *cives*, era propriamente o sócio da cidade, aquele que possuía direitos e deveres comuns a todos os cidadãos, e participava efetivamente das decisões coletivas.

Ora, a introdução das ideias neoliberais neste país, como fundamento de toda ação governamental, provoca, como é fácil verificar, uma verdadeira devastação moral, pois reforça o individualismo anárquico de nossas classes dominantes, legado comum de todos os povos ibéricos.

Nada mais alheio à mentalidade tradicional de nossos oligarcas do que a colaboração pelo bem comum, ou seja, a vivência de uma verdadeira República. Permito-me lembrar que o adjetivo *publicus*, em latim, significa exatamente isto: o que é comum a todos.

Jaime Pinsky, como professor de História, cansou-se sem dúvida de comentar com seus alunos o juízo pouco lisonjeiro que de nossa sociedade colonial tinha o primeiro historiador do Brasil, Frei Vicente do Salvador. Escrevendo seu livro em princípios do século XVII (ele foi publicado em Lisboa em 1627), dizia sem meias palavras: "nenhum homem nesta terra é república nem zela e cuida do bem comum, senão cada qual do bem particular".

O leitor poderá encontrar, nesta coletânea de artigos, uma farta ilustração do fato de que, ainda hoje, continuamos em larga medida não sendo "repúblicos". Assim, na primeira parte, *A lei é igual para todos?* e *Onde foi que nós erramos?* Na segunda parte, *Atitudes cidadãs, Nossa identidade cotidiana* e *O país dos mais iguais.* Na quinta parte, *Participação de todos, Cidadania se aprende na escola* e, sobretudo, *A educação, o público e o privado.* Neste último artigo, vem ressaltado o papel central que a escola pública deve exercer em nosso sistema educacional: como escola de cidadania, como instituição verdadeiramente republicana, que pertence a todos os membros da comunidade social, e não ao Governo nem aos que podem pagar e que, por isso, consideram-se, naturalmente, donos do ensino. "Cidadania", escreve Pinsky, "é participação, é ter direitos e obrigações, e, ao contrário do que muitos pensam, se aprende na escola".

E aí está a outra ideia dominante deste conjunto de ensaios: a educação para a cidadania. Sobre isto, segundo creio, o que de melhor se escreveu, até hoje, está no *Espírito das Leis*, de Montesquieu (livro quarto).

Ele começa por mostrar que a educação nunca é uma tarefa indiferente, para o bom funcionamento de um regime político. Como este sempre se define pela separação entre dominantes e dominados, compete à educação justificar o princípio dessa dominação. O princípio de toda república, diz ele, é a virtude. Por isso, adverte, "é no governo republicano que se faz necessário todo o poder da educação", pois a virtude republicana consiste numa renúncia a si mesmo, "o que é sempre muito penoso". Ela nada mais é, na verdade, do que o amor pelas leis e pela pátria. Ora, esse amor exige uma preferência contínua do interesse público sobre o interesse próprio de cada cidadão, pois aqui, como em tudo mais, a propriedade individual opõe-se à comunhão.

Creio que esta explicação torna um pouco menos obscuro o paradoxo da educação brasileira, que Jaime Pinsky assinala em várias passagens deste livro: o fato de que os nossos governantes, desde sempre, tanto falam em educação e nada de efetivo realizam nesse campo. A questão toda é que o nosso regime político, embora oficialmente republicano e democrático, sempre foi e continua sendo oligárquico, ou seja, é sempre a minoria rica que comanda, decide e fala em nome do povo.

Ora, iniciar um trabalho educacional sistemático, para que o povo adquira poder político efetivo, participando diretamente das grandes decisões públicas, ao invés de ter sua vontade manipulada eleitoralmente; suscitar em todos nós a consciência da importância dos direitos humanos de caráter social (a começar pelo direito à educação) – tudo isto não é apenas "um choque educacional", como se diz no último ensaio da quarta parte deste livro. É uma revolução. A verdadeira, enfim.

PENSANDO O BRASIL

Cidadania: conceito e prática

Esvaziar o conteúdo de um conceito é fácil, basta utilizá-lo de forma muito genérica, privando-o de sua especificidade. Isso é válido tanto para adjetivos usados no dia a dia quanto para situar realidades históricas bem determinadas. De algum tempo para cá, as pessoas não ficam alegres, mas *eufóricas*; em vez de não gostarem, *odeiam*.

Minha filha, por exemplo, não apenas não come berinjela, mas "não suporta, detesta, odeia" o pobre legume, tão rico em proteínas. Recentemente, nos EUA, expressou sua ojeriza ao agradável substituto da carne com um sonoro "I hate", e foi olhada com muita estranheza pelos convivas, que começaram a se perguntar sobre que mal a pobre berinjela poderia ter feito à minha filha. Já a senhora do apartamento vizinho murmurava estar eufórica com o crescimento de sua samambaia de metro. Não alegre, nem satisfeita, mas radicalmente eufórica...

Conceituada inicialmente como "mudança de estrutura em ritmo acelerado" a *revolução* foi virando qualquer coisa. Aqui no Brasil, com nossa proverbial falta de modéstia, tivemos muitas, culminando por chamar o movimento ou golpe de 1964 de revolução (e, às vezes, até com maiúscula!). Saias dez centímetros acima dos joelhos tornaram-se *revolução nos costumes*; a volta dos pontas disfarçados de laterais era uma *revolução no futebol*; televisão na escola tentou ser *revolução na educação*, e assim por diante.

A banalização atinge até palavras novas, como *genocídio*, criada após a Segunda Guerra Mundial para designar o assassinato premeditado, organizado e sistemático de quase metade dos judeus existentes no mundo, a destruição da cultura judaica na Europa (que era anterior a qualquer cultura nacional americana e tinha criado duas línguas, o ladino e o iídiche) e o fim de vilas e cidades em que Sholem Aleichem, Bashevis Singer e Marc Chagal foram buscar sua inspiração. Se há razões para os alemães se envergonharem do genocídio, não há nenhuma para os judeus se orgulharem dele. O que não se pode, porém, é confundi-lo com massacres e perseguições de dimensões diversas, como os perpetrados por americanos no Vietnã, por russos no Afeganistão, por ingleses na Irlanda, e assim por diante. Genocídio, é evidente, foi o que nós, brancos, fizemos com as nações indígenas em toda a América ou o que os turcos fizeram com os armênios no começo do século.

Pode-se, por outro lado, esvaziar um conceito por lhe restringir, excessivamente, o significado, não lhe dando a dimensão e a amplitude que tem. É, sem dúvida, o caso de cidadania. Tenho a impressão de que cidadania, para alguns, tem a ver apenas com colocar a mão direita sobre o lado esquerdo do peito enquanto nosso Hino Nacional é executado ou com torcer inutilmente para que algum piloto brasileiro repita os feitos de Ayrton Senna.

Ora, cidadania enfeixa uma série de direitos, deveres e atitudes relativos ao cidadão, aquele indivíduo que estabeleceu um contrato com seus iguais para a utilização de serviços em troca de pagamento (taxas e impostos) e de sua participação, ativa ou passiva, na administração comum. Por essa definição (mesmo apressada e meramente funcional), se vê que cidadania pressupõe, sim, o pagamento de impostos, mas também a fiscalização de sua aplicação; o direito a condições básicas de existência (comida, roupa, moradia, educação e atendimento de saúde) acompanhado da obrigação de zelar pelo bem comum.

Operacionalmente, cidadania pode ser qualquer atitude cotidiana que implique a manifestação de uma consciência de pertinência e de responsabilidade coletiva. Nesse sentido, exercer a cidadania tanto é votar como não emporcalhar a cidade, respeitar o pedestre nas faixas de trânsito (haverá algum cidadão motorista?) e controlar a emissão de ruídos.

Diante de infrações que prejudicam o conjunto da sociedade, temos uma atitude dúbia: reclamamos em altos brados quando somos diretamente atingidos (vejam-se as brigas e os xingamentos no trânsito), mas nos omitimos quando o assunto não tem relação direta conosco (um edifício em construção está ocupando metade da calçada já estreita e um vizinho, meu amigo, garante que sequer notou). Encanta-me o número de motoristas que escrevem a este jornal reclamando contra uma suposta indústria de multas, mas me choca constatar as infrações constantes no trânsito, talvez pelos próprios reclamantes, que acham normal estacionar indevidamente impedindo o fluxo de toda uma avenida, aguardar a abertura de semáforos parados sobre a faixa de pedestres, avançar o sinal vermelho etc., etc.

Exigir direitos é parte da cidadania, mas respeitar os contratos sociais é sua contrapartida. Talvez por não fazermos a nossa parte ou não termos a consciência de pertencer a um coletivo é que somos tão condescendentes com irregularidades que acabam prejudicando todos. E o fato de mantermos a maioria da população sem os direitos básicos de cidadania nos impede de construir a Nação-cidadã que arrotamos desejar.

A lei é igual para todos?

Morreu um brasileiro. Seu nome: Galdino Jesus dos Santos. Sua origem: tribo dos Pataxós, na Bahia. Morreu queimado porque cinco garotos de Brasília se viram no direito de se divertirem com a sua vida. Vendo-o deitado, acharam que "era um mendigo" (mendigo pode?), foram até um posto de gasolina, onde compraram dois litros de álcool, alguns espalharam o líquido em seu corpo, os outros acenderam e atiraram o fósforo, e fugiram todos juntos quando a tocha humana começou a se agitar desesperadamente.
Um dos garotos, menor de idade, ficará por até três anos internado. Os quatro maiores, filhos de famílias de classe média, estão detidos no Presídio da Papuda, aguardando decisão judicial. A primeira já saiu: a juíza Sandra de Santis de Mello, "avaliando os autos e sua consciência", decidiu não aceitar o pedido da promotora Maria José Miranda para que os suspeitos fossem levados a júri popular como responsáveis por assassinato intencional (com pena de até 30 anos de reclusão), mas apenas por assassinato não intencional (com pena máxima de 12 anos, mas com possibilidade de ser reduzida a alguns meses). A promotora decidiu recorrer. Acha que os suspeitos tinham condições de discernir que embeber uma pessoa em álcool e incendiá-la pode levar a vítima à morte. Não é a mesma coisa que um atropelamento, exemplo clássico de morte não intencional. De resto, afirma, há três agravantes: o crime foi premeditado (os

rapazes saíram de carro para comprar álcool num posto, após terem encontrado sua vítima), houve divisão de tarefas objetivando maior eficácia e a vítima não foi socorrida. Teria sido muito rígida a promotora ou muito condescendente a juíza? A imprensa escreveu laudas sobre o assunto, grupos de defesa dos índios se manifestaram, brilhantes advogados deram seu parecer. Curiosamente, dez entre cada dez defensores da posição da juíza eram advogados criminais, acostumados, por dever de ofício, a procurar fatores atenuantes para os crimes em julgamento, e, não menos curiosamente, se não me falha a memória, nenhum promotor foi ouvido. Mas nem é esta a questão.
 Talvez a questão seja discutir a nossa justiça de classe. Sim, pois se a sociedade não acha justo o fato de os crimes de policiais militares serem julgados pelos próprios policiais militares, será justo os crimes da classe média serem julgados pela própria classe média? Possivelmente os crimes dentro do próprio grupo sejam mais bem compreendidos e, portanto, julgados com maior condescendência. Fico curioso em imaginar o parecer sobre o julgamento dos garotos por um juiz pataxó. Ou se, em vez de um pataxó, fosse a vítima um juiz e os acusados, alguns garotos da periferia...
 Por outro lado, julgar a partir de uma perspectiva de classe não é, necessariamente, um mal. Em última instância, significa compreender melhor as motivações e as ações do criminoso, avaliá-lo como indivíduo dentro de um grupo e não como um ser isolado, e somente a partir daí julgá-lo. O problema, insisto, é julgar os nossos iguais de uma forma e os demais de outra, uns com condescendência máxima e outros com rigidez suprema. Tenho a desagradável impressão de que uma importante corrente de apoio à decisão da juíza Sandra de Mello partiu de pessoas preocupadas em compreender a "travessura" dos rapazes.

O que se discute, portanto, não é uma manifestação isolada de uma juíza, mas de uma mentalidade que apresenta como normais, ou ao menos toleráveis, as atitudes de nossos iguais e como intoleráveis e inadmissíveis as de nossos diferentes. Lembro-me do sorriso de compreensão que um importante advogado de São Paulo abriu quando seu filho irrompeu em casa, na nossa presença, com algumas placas de trânsito (PARE) que ele, com alguns amigos, haviam arrancado de esquinas do bairro para ver "se rolava alguma trombada". O triste é que o tema da reunião era encontrar providências adequadas contra "hunos da periferia" que destruíam os orelhões... Que erudito parecer esse ilustre advogado daria para uns e outros se fosse juiz e tivesse de julgar os "hunos" dos orelhões e os "brincalhões" das placas?

Os juristas gostam de dizer que o Direito é uma ciência social, o que me parece muito sábio. Hamurábi tinha leis diferentes para sumérios e estrangeiros, assim como os hebreus. Em Atenas, leis diferentes atendiam cidadãos, estrangeiros e escravos. Durante o período colonial discriminávamos a população de forma quase estamental, colocando leis específicas para os escravos. Ainda há pouco, durante a ditadura, criou-se informalmente a pena de morte para os suspeitos de subversão, pena que continua em vigor para muitos, principalmente se forem negros e pobres. Mas agora, em plena vigência da democracia, não terá chegado o momento de estabelecer critérios claros e universais para o julgamento de determinados crimes, qualquer que seja a origem social ou racial do criminoso? Mesmo que a vítima seja um mendigo ou um índio pataxó?

O autoritarismo cordial

O automóvel sobe a rua Pio XI e, para aproveitar a mudança de sinal, acelera para entrar na Cerro Corá, quase atropelando a mãe com uma criança. Ao perceber um esboço de reclamação das quase vítimas, o motorista segue berrando palavrões contra os pedestres que ousavam atravessar a rua, espaço sagrado de gente motorizada. O fato de haver uma faixa de pedestres é irrelevante para o motorista. Também é irrelevante a existência de um restaurante chinês com estacionamento (!) na calçada, obrigando pedestres a transitar pelo leito carroçável (Quem manda ser pobre e andar a pé?).

Espremido entre o carro que exige, aos roncos e buzinadas, o seu espaço e os proprietários dos negócios que privatizam o espaço público caminha o pedestre. Aqui um restaurante chinês, ali os manobristas de um bar da moda, acolá uma padaria que estendeu seus limites em direção à rua. Fiscalização? A cordialidade dos fiscais (só cordialidade?) garante ao direito de posse os mesmos privilégios de um título de propriedade. Como me dizia uma autoridade municipal, "as coisas são assim mesmo". Traduzindo, o poder emana do dinheiro e em seu nome será exercido.

De fato, cultivamos, ao longo de nossa História, uma concepção muito própria de poder que eu batizaria de *autoritarismo cordial*. Por ser autoritário, não é democrático; concebe-se ilimitado e atemporal; mesmo quando fruto do voto popular, adquire como que uma aura transcendental que transforma o dirigente numa espécie de dignatário abençoado pelos deuses e orixás.

O chamado *ritual do cargo* obriga nossos dirigentes a ter enorme comitiva de acólitos basbaques, vacas de presépio cuja função é apenas concordar, entusiasticamente, com a pretensa genialidade oracular dos chefes. Quase não há governantes que consigam manter a simplicidade. O alcaide de qualquer "Xiririca da Serra" só viaja em carros luxuosos acompanhado de motorista, segurança, líderes de partido, presidentes de clubes de serviço e outros membros daquilo que (creio que ironicamente) a imprensa se acostumou a chamar "comitiva". Chefes sindicais, reitores, diretores de federações e confederações, secretários de Estado e municípios consideram as cerimônias de beija-mão fundamentais ao pleno desempenho de suas árduas tarefas. Raramente lhes ocorre que detêm apenas um mandato concedido por seus iguais (concidadãos, colegas, companheiros etc.) e, por sua origem e destino, são de fato apenas iguais. Agem autoritariamente, e não com autoridade, porque não conseguem ou não querem perceber com nitidez que *o exercício do poder é, antes de tudo, uma oportunidade de representar ideais, e não de impor ideias.*

Por outro lado, nossos dirigentes insistem na cordialidade. Autoritarismo, sim, mas cordial. É como se houvesse uma fronteira, perceptível apenas a iniciados, que separa o autoritário cordial do simples autoritário (que, evidentemente, execramos). Gostamos mesmo é dos presidentes que beijam criancinhas, dos prefeitos que acenam para os amigos, dos deputados que fingem nos reconhecer nos saguões dos aeroportos, dos reitores que cooptam e neutralizam a oposição acenando com pequenas vantagens funcionais. A estes perdoamos tudo e ao segundo aceno nos dispomos a engrossar o já volumoso cordão dos puxa-sacos. Uma

vez cooptados, passamos a perceber que as falhas (poucas) de caráter de nossos líderes não passam de "escorregões compreensíveis". Seus arroubos são "demonstração de firmeza". Suas traições são prova de "capacidade de manobra". Suas omissões derivam do necessário "contato com as bases", e por aí afora.
Não temos, é claro, a mesma flexibilidade diante de nossos inferiores hierárquicos, cuja indolência é evidenciada à primeira falta e cuja honestidade é posta em dúvida mesmo quando somos nós que não nos lembramos onde guardamos aquele maravilhoso par de abotoaduras de ouro.
Por aí navegamos: tolerantes com os de cima, inflexíveis com os de baixo. Bajular nossos superiores é considerado atitude pragmática, destinada a nos colocar numa posição que nos permita usufruir uma fatia, mínima que seja, do poder. Não desenvolvemos uma cultura democrática que permita uma crítica construtiva. É comum chamarmos os poucos espíritos críticos de espírito de porco. Livres de boas cabeças que são capazes de divergir, os líderes de plantão ficam à vontade para exercitar o seu poder da maneira de sempre.
Não há democracia séria que resista ao cinismo histórico de nossas práticas políticas e sociais. Qualquer mudança profunda passa por uma revisão de nossos hábitos históricos construídos a partir de desigualdades insuportáveis. Ou, então, proibamos de vez o acesso de pedestres a nossas ruas e calçadas. Ou tem carro, ou fica em casa...

Convivência ou morte

O que há em comum entre o julgamento de O. J. Simpson, nos Estados Unidos, e a guerra na ex-Iugoslávia? Ou entre manifestantes fundamentalistas, muçulmanos e judeus, no Oriente Médio, e guerras tribais na África? Ou ainda entre o preconceito contra estrangeiros no Japão ou contra índios em quase todo o Brasil? A concepção da impossibilidade de convivência entre diferentes. A ideia de que apenas iguais se podem entender.

Na verdade, o mundo vive um louco paradoxo: por um lado, ele fica menor graças ao desenvolvimento dos meios de transporte e de comunicação (falamos da popularização do avião e do turismo internacional, da telefonia celular e por satélite, do fax, do modem, da Internet), da cultura de massa pasteurizada e globalizada (refiro-me, aqui, ao globo terrestre, e não à rede de televisão), da homogeneização de padrões alimentares (McDonald's e Coca-Cola valem mais que muitas legiões romanas), do fenômeno da urbanização acelerada (que assemelha São Paulo a Nova York e o Cairo à Cidade do México).

A nação, como elemento básico de identificação, se dilui. Em tese, o cidadão médio de uma cidade como, por exemplo, Porto Alegre, pelos seus valores e comportamento, por sua prática cotidiana e seu universo cultural, por sua relação concreta com o mundo e as formas de percepção da realidade que o cerca, tem mais que ver com, por exemplo, um cidadão de Roma ou

Boston do que com um vaqueiro do interior do Piauí. Entretanto, há um elemento que povoa o imaginário das pessoas, e que chamamos de identidade nacional, que provoca uma insuspeitada aproximação (insuspeitada para um observador neutro e distante) entre os dois que se colocam sob uma bandeira única, pelo menos em momentos de crise e risco para a nacionalidade, como copas mundiais de futebol, corridas de Fórmula-1 e desfechos de novelas. A ideia de nação é para nós, brasileiros, aparentemente fácil de absorver, já que possuímos um espaço territorial que constitui um Estado nacional, que, por sua vez, é habitado por pessoas que se identificam como brasileiros. Já nos Estados Unidos a questão é formulada de maneira bem distinta. Ao lado dos brancos, apresenta-se uma minoria que se define afro-americana e como tal é vista pelos brancos. Além disso, ainda existem os latinos, curiosa sub-raça inventada para definir oriundos dos países latino-americanos (inclusive brasileiros, mesmo os turistas que gastam milhões em compras em Miami e Nova York). Em nome de um profundo respeito ao direito das minorias, a sociedade americana eterniza e ressalta as diferenças entre pessoas e grupos, dificultando e até impedindo, na prática, a integração por casamentos mistos, bairros e equipamentos sociais comuns. Levando ao extremo suas identidades específicas, as minorias nacionais oferecem espetáculos contraditórios, como o dos porto-riquenhos que, ao mesmo tempo em que votam para permanecer como verdadeira colônia americana, juram profunda lealdade à nação em ruidosas manifestações de rua por ocasião de suas festas cívicas. Mesmo assim, permanece a concepção de que todas as minorias nacionais devem lealdade ao Estado nacional que as abriga.

Na ex-Iugoslávia, a situação é mais difícil ainda: até poucos anos atrás conviviam, debaixo de um único

Estado, diversas nacionalidades que depois optaram por seguir caminhos diferentes, separando-se. Em alguns casos, porém, a única diferença entre as pessoas era sua crença religiosa, já que provinham da mesma mistura étnica, falavam a mesma língua e viviam nas mesmas cidades. Essas pessoas hoje se odeiam e se matam numa luta fratricida que separou vizinhos, colocou irmãos em trincheiras opostas e assustou o mundo. Mundo que, como vimos, está menor, mais igual do que nunca etc., etc.

Como solucionar ou ao menos equacionar esta charada tétrica? Separando os diferentes, ou os que assim se dizem? Já pensaram que coisa maluca seria confinar, por exemplo, todos os nordestinos de São Paulo numa região específica da cidade? Depois teríamos de separar os baianos dos demais, pois sua identidade deveria ser preservada. Em seguida, em nome dessa mesma identidade, os interioranos seriam separados dos oriundos do recôncavo (há muitas teses defendendo sua especificidade), os da zona cacaueira separados dos demais e assim por diante. Haveria também que separar os predominantemente negros dos brancos, as mulheres dos homens, não esquecendo os gays e as lésbicas. Seria conveniente separar os católicos dos evangélicos e os espíritas dos ligados ao candomblé. Se houvesse mais de um em cada grupo após toda essa divisão, poder-se-ia pensar em preservar a identidade dos torcedores do Vitória e do Bahia, dos braquicéfalos e dolicocéfalos, dos altos e dos baixos, dos magros e dos gordos, e assim até o fim.

A ONU clama por tolerância, o que já é alguma coisa, mas que contém em si a ideia de que podemos apenas suportar, aguentar com dificuldade os diferentes. Ora, diferentes não são para ser tolerados, podem também ser apreciados. Não é tão difícil assim olhar pela janela e aprender com pessoas de hábitos e línguas diferentes; gente que usa formas diferentes de conversar com o mesmo deus, ou outros deuses, ou de não falar com deus algum. A diversidade cultural é tão mais fascinante quanto mais dedicamos nossos sentidos a percebê-la. Nada mais aborrecido do que um mundo de iguais, de gente totalmente previsível, óbvia. Temos como superar o medo do desconhecido, que "o outro" nos provoca, e enfrentar a aventura que a vida nos promete: basta pensar que diferença não implica superioridade e que a verdade não é monopólio de ninguém.

A alternativa a essa atitude é assustadora.

Brasileiro é o maior

Quando um colega meu solicitou três meses de licença para uma "viagem de pesquisa" à França todos os professores do departamento morreram de rir. Sabíamos que a mulher do colega ganhara uma bolsa para aquele período e que ele, simplesmente, preferia viajar com ela a Paris, gastando o salário que religiosamente continuaria sendo depositado na sua conta, a permanecer trabalhando naquela faculdade do interior de São Paulo. Após a sessão de risos, o decano do departamento me chamou de lado e avisou que a licença, "sem prejuízo do salário e das demais vantagens", seria concedida, e isso era bom. Espantado (eu me espantava ainda), ouvi que aquilo só nos favoreceria, uma vez que o departamento não teria como negar aos demais (inclusive a mim e a ele) o que já concedera a um. E usou a palavra mágica: *precedente*.

Dentro de uma visão distorcida das relações que devem reger uma sociedade, confundimos *precedente* com isonomia. Esta se refere a direitos iguais para todos pela aplicação de regras preestabelecidas, enquanto a busca do precedente é apenas o aproveitamento das brechas abertas por aqueles que buscam benefícios pessoais em detrimento do coletivo. Por trás de nossa autopropalada flexibilidade, para além de nossa generosa condescendência, estamos sempre buscando o precedente. Ah, o vizinho engoliu 20 cm da calçada com seu muro? O melhor é não se queixar e, na primeira oportunidade, fazer o mesmo. O diretor de nossa unidade usa dinheiro da instituição para jantares nos restaurantes mais caros da cidade? Não importa, desde que eu seja convidado vez por outra para bicar as quireras do banquete. Além do mais, quem sabe, um dia poderei ser nomeado diretor...

Dentre as características que não nos deixam muito orgulhosos de nossa identidade está a *leviandade*. Somos, sim. Ou não é leviano convidar pessoas para "aparecer lá em casa" e ficar horrorizado se o novo conhecido de fato aparecer? Ou marcar o jantar de segunda-feira para as "oito, oito e meia", e servi-lo só depois da meia-noite, quando os convidados já estiverem entupidos de amendoim e canapés de aparência duvidosa? Ou simplesmente não comparecer ao encontro marcado, não dar satisfações e achar que a gente não precisava ser tão inflexível – se ligamos uma semana depois e ficamos sabendo que "pintou" outro programa de última hora para o nosso amigo, "sabe como é"?

Minha vida de editor está cheia de exemplos de autores (?) que levam dois anos para escrever sua parte numa coletânea, não mais de 30 ou 40 laudas prometidas de pés juntos para janeiro de 1995 e que afinal são entregues – "apesar de a secretária ter amolado tanto que quase que eu não mando meu trabalho". E tudo isso após muitas declarações sobre a responsabilidade social que nos cabe como elite intelectual etc.

A leviandade é parente próxima da hipocrisia. Aqui, ninguém se despede ao telefone com um prosaico até logo, tchau ou equivalente. Envia-se um abraço, um grande abraço, um abração, um beijinho, uma beijoca, um beijo, um beijão, aquele beijo, enfim, uma variação infindável de ósculos. Esvaziado de seu conteúdo, o extravasamento vocabular me lembra aqueles beijos de peruas em que os lábios distantes da face beijam o ar, o nada, o vazio. O importante é não revelar o que se pensa do outro, não antagonizar. Se o outro quiser, ele que assuma o enfrentamento de forma clara e pague o preço de sua não cordialidade, de sua atitude "pouco brasileira". Neste capítulo entra o nosso comportamento preconceituoso não explícito, disfarçado, escorregadio. Ao não nos revelarmos preconceituosos para os pobres, por exemplo, colocamos em suas mãos o ônus da explicitação e do enfrentamento e ficamos nos perguntando, por trás das grades de nossa casa, o que querem esses indivíduos a quem damos de tudo, inclusive emprego, escola pública e atendimento médico de Primeiro Mundo.

Como reza a lei de Abrahão, exagerado é o que vai além e devagar, o que vai aquém de nós. Além disso, toda percepção da sociedade é histórica, no sentido de que não é uma ciência exata. Mas olhar-se no espelho, embora provoque uma inversão de imagem, permite uma autoanálise, dolorosa talvez, mas necessária se se quer crescer.

Onde foi que nós erramos?

"Onde foi que nós erramos?" é a famosa pergunta feita pelos pais quando o filho se desvia do que eles consideram "o bom caminho". Da mesma forma, "os explicadores do Brasil" vêm tentando, sem muito sucesso, encontrar as razões que impedem nosso país de deslanchar e o mantêm pobre e desigual, distante do ideal que para ele traçamos, como se ele fosse apenas uma promessa permanente, um eterno devir.

Não que não haja explicações. Elas existem e às pencas. Mas, como dizia minha sábia tia Ana, "muita explicação, nenhuma razão". E ficamos sem entender como é que um povo que enxergamos tão esperto e cordial, vivendo numa terra que achamos tão generosa e praticamente imune aos desastres naturais, não chegou ainda ao tão ansiado Primeiro Mundo...

Sentimo-nos, é claro, com vislumbres de Primeiro Mundo quando viajamos para Miami e adjacências, ou vamos passear em nossos shoppings, ou assistimos à TV a cabo (mesmo sem compreender palavra do que é falado). Afinal, ver os enlatados americanos é mais chique do que assistir às novelas brasileiras; olhar idiotas se matando de capacete por causa de uma bola que nem redonda é dá mais *status* que seguir o Campeonato Brasileiro de Futebol; e acompanhar o debate entre Clinton e Dole é bem mais elegante do que ver Pitta discutindo com Erundina.

O importante é mostrarmos que estamos descolados do Brasil terceiro-mundista, que optamos pelo progresso e pela globalização, que nada temos a ver com "aquela gente" (não é assim que se fala?) que pede moedas nos faróis e tem como sonho dourado morar num Cingapura.

Assim, por meio de uma ginástica mental bastante engenhosa, situamo-nos no Primeiro Mundo como pessoa física, embora a entidade nacional e o solo em que pisamos ainda estejam patinando no Terceiro.

Por mais que isso fira a lógica, fazemos parte de uma nação sem a ela pertencer, não assumimos ônus e responsabilidades da cidadania sob o pretexto de não termos sido consultados pela nação que escolheu "esse povinho" que está aí. Isso nos exime da responsabilidade sobre o desmando dos governantes, a inoperância do Legislativo, a lentidão do Judiciário, os métodos da polícia, os sistemas previdenciários (temos previdência privada), de saúde (temos planos privados) e de educação (frequentamos escolas privadas), o transporte coletivo (temos carro, e o prefeito está construindo túneis) e sobre tudo que é público ou coletivo.

Reclamamos das ruas inundadas, mas cimentamos todo o nosso terreno e construímos o dobro da planta aprovada na prefeitura. Declaramo-nos chocados com a violência no trânsito, mas transformamos as ruas (inclusive as faixas de pedestres) em espaço de competição, onde nos sentimos como El Cid derrotando os mouros.

Somos esquizofrênicos sociais, divididos entre nossa autoimagem generosa e primeiro-mundista e nossa prática egoísta e autoritária. Enquanto nosso espelho nos mostra bons e cordiais, nosso comportamento nos revela preconceituosos e agressivos.

Como estudantes preguiçosos, não assumimos a responsabilidade de nossas ações e atribuímos aos outros a culpa pelo nosso fracasso. Se os holandeses não tivessem sido expulsos de Pernambuco em 1654, Recife seria Nova York! Se não tivesse havido o saque colonial, não precisaríamos de empréstimos estrangeiros e seríamos ricos de morrer! Se não tivéssemos tido a monocultura do açúcar e do café... Se o clima fosse mais frio, nossas avós fariam conservas e agora estaríamos exportando compotas de goiaba e de graviola... Se, se, se. O fato é que não somos mais uma sociedade patriarcal, mas ainda não assumimos as responsabilidades inerentes a quem pertence a uma sociedade complexa, baseada em contratos sociais, que só funcionam se forem cumpridos por todos.

O fato de o Estado ter precedido a nação no Brasil talvez seja o motivo principal de haver o divórcio tão profundo entre governo e sociedade, mas o reconhecimento desse "pecado original" não nos exime de uma prática social adequada aos objetivos que alegamos desejar ao nosso país. Isso significa responsabilidade coletiva e individual. Noutras palavras, a prática da cidadania.

Intermediar é preciso

Nada de errado com os intermediários, muito pelo contrário. Ao longo da História já sofreram demais, para que se continuem cometendo injustiças contra eles. Theodore Zeldin, na sua interessante *Uma História Íntima da Humanidade*, lembra que intermediários abraçaram muitas vezes essa vocação porque perseguições ou exclusões os impediram de seguir outras carreiras. Foi o caso de mercadores libaneses e armênios, de armadores gregos e comerciantes judeus. Intermediar, afinal, é promover o intercâmbio de mercadoria e cultura, ambas necessariamente caminhando juntas.

Intermediar, por outro lado, implica correr certos riscos. Árbitros têm sido nocauteados em jogos de futebol, juízes têm apanhado em lutas de boxe, "marronzinhos" desacatados e até assassinados por multar motoristas irresponsáveis, professores desrespeitados por malfeitores em escolas distantes ou por filhinhos de papai em escolas de luxo (E, antes que se pergunte por que colocar o professor nesta listagem, esclareço que sua função é a de intermediar duas culturas: de um lado, o patrimônio cultural da humanidade; de outro, a cultura do educando).

Intermediar pode ser algo mais democrático do que chefiar ou falar de púlpito. Essas atitudes pressupõem a existência de uma divisão radical entre, de um lado, os que detêm o monopólio da verdade e, do outro, os que não passam de receptáculos vazios, ignorantes.

Os primeiros com a certeza de que lhes cabe ditar regras de conhecimento e de práticas sociais; os segundos satisfeitos em obedecer. Bons professores e ótimas empresas já descobriram as vantagens do diálogo há muito tempo. Há mais de vinte séculos Sócrates, com a sua maiêutica, já extraía a verdade que havia em cada um de seus discípulos, como um escultor que sabe ver uma linda forma escondida dentro do bloco de pedra bruta. Um diretor executivo de uma grande empresa me dizia que chefiava uma equipe composta por profissionais mais qualificados do que ele e que sua função era apenas a de estimular as pessoas, fazê-las pensar e agir criativamente, enfim, fazer o "meio de campo" entre os funcionários e os objetivos da empresa. Noutras palavras, o líder falastrão e infalível, dono da verdade e das consciências, tende a ser uma figura jurássica nas empresas, nas escolas e nos governos eficientes.

Após a primazia das sociedades agrárias e industriais, entramos na era dos serviços; já sabemos como produzir, estamos aprendendo a intermediar. Temos condição de alimentar, vestir e educar toda a população do planeta e até de alguns satélites que se habilitarem: se não o fazemos é porque não encontramos ainda a maneira certa de intermediar as relações entre as pessoas. Globalizar a economia, privatizar o sistema produtivo, alijar o Estado de algumas atividades que talvez não lhe digam respeito não significa entregar os cidadãos ao deus-dará, muito ao contrário. Mais que nunca é necessário o Estado mediar a relação entre desiguais, porque entre iguais, eles que se entendam.

No Brasil estamos muito longe de chegar a algo que se possa denominar prática de cidadania. Em excelente trabalho produzido no Ipea, Rosane Mendonça e Ricardo Paes de Barros provam que a desigualdade social no Brasil continua das piores do mundo. Enquanto em países, como Holanda e Japão, os 40% mais pobres têm uma renda total idêntica aos 10% mais ricos (ou seja, esses ricos têm, em média, renda *quatro* vezes superior a desses pobres). no Brasil, os 10% mais ricos ganham 7,2 vezes mais que os 40% mais pobres (ou seja, esses ricos têm, em média, renda quase *trinta* vezes maior do que a dos nossos pobres). Para os pesquisadores citados, talvez nossa distribuição de renda seja a pior do mundo, o que, convenhamos, não acena com uma melhora de relação entre brasileiros de diferentes estratos sociais, sem uma intermediação enérgica do Estado.

Num mundo de serviços, intermediar significa também defender o consumidor. Querem alguns exemplos banais? Não tem cabimento as feiras livres não terem algumas balanças oficiais para que o "freguês" não seja lesado. Não tem cabimento também os peixes ficarem expostos, sem gelo, durante seis ou sete horas. Não faz sentido muitos feirantes, especialmente os vendedores de frango, não exporem os preços. Dizem – mas eu não posso acreditar – que os fiscais trocam suas implicâncias por uma boa colheita de final de feira. Não tem cabimento os postos de gasolina não exibirem seus preços de maneira padronizada, clara e não disfarçada. Será que tem gente enchendo os tanques de graça para não enxergar? Não tem cabimento os planos de saúde patrocinarem times esportivos à custa de mensalidades sempre crescentes e de médicos sujeitos a pagamentos ridículos. Tem gente confundindo liberalismo com "liberou geral".

Intermediar é preciso.

ATITUDES CIDADÃS

Atitudes *cidadãs*

O pressuposto da existência de leis é o de que elas sejam aplicadas. Pensar em leis que "não pegam" é tão sem sentido quanto imaginar automóveis fabricados para ficarem parados, lojas montadas para nunca abrirem, ou escolas criadas para não oferecerem ensino. Assim como o automóvel necessita de um motorista habilitado, a loja demanda um administrador e a escola um professor, a lei, para ser colocada em funcionamento, precisa de pessoas habilitadas e interessadas em seu cumprimento. Até aqui, diria o conselheiro Acácio, tudo bem. Onde está o problema? De um lado, no buraco – aparentemente intransponível – existente entre a formulação e a publicação de leis, decretos, portarias e regulamentos, e, de outro, em sua aplicação. Às vezes, até, tem-se a desagradável sensação de que a legislação existe como simples justificativa da existência dos legisladores, que pouco se importam, no geral, com sua aplicação. E que os agentes concretos da lei tampouco se importam com aquela que deveriam aplicar.

Tomemos um exemplo banal de aplicador da legislação: o policial rodoviário. Com a evidente exceção dos meus incorruptíveis leitores, sabe-se que muitos motoristas trocam uma multa por uma gorjeta. Sem entrar nos aspectos puramente morais da transação, é interessante desnudar o mecanismo envolvido nessa ação.

Aceitemos, por hipótese, a ideia de que uma lei seja a codificação do pensamento e das experiências do conjunto da sociedade. Aceitemos também a ideia de que, representados por meio de legisladores democraticamente eleitos, os cidadãos descontentes com uma lei teriam poder de modificá-la. É evidente que parcela da população, maior ou menor, poderá não ter força política para alterar a legislação, tendo que se submeter aos interesses da maioria, mas isso é do regime democrático. O fato é que a legislação deve, pelo menos em tese, refletir o estágio atual de uma sociedade e não o contrário, razão pela qual deve ser acatada (mesmo que questionada) por todos, porque uma sociedade sem leis é uma sociedade inviável. Voltando à questão do policial rodoviário, já virou um consenso entre motoristas a ideia de que alta velocidade flagrada por um grupo de policiais é multa certa, mas constatada por um policial isolado é situação de "negociação". Isso significa que o agente concreto da aplicação da legislação (o policial) se permite, a seu juízo e por seu discernimento, aplicar a multa, exigir uma caixinha, ou liberar o infrator, caso a caso. Significa, por outro lado, que o "Gérson", por trás do volante, se permite romper uma decisão consensual da sociedade em que vive (a lei) e se colocar à margem e acima dela.

Claro que infringir a lei tem inúmeras justificativas: "meu carro é seguro", "a estrada estava vazia", "o acostamento estava subutilizado", "minha mulher está com enxaqueca, tem que ser hospitalizada", "o cachorro só faz xixi em casa, eu tinha que chegar logo" são algumas pérolas que saem da boca de maus motoristas. O grave, porém, não é o caso em si, mas o atentado que se comete contra a organização social como um todo: o agente concreto se arroga o direito de legislar, julgar e executar (os três poderes empalmados), e o infrator se permite romper, digamos assim, o contrato social do qual ele, afinal de contas, é signatário.

A corrupção é apenas o aspecto mais evidente desse verdadeiro distrato social e se apresenta de forma generosa na sociedade. Exemplos? À vontade. Existe um zoneamento na cidade? Existe. São proibidos barzinhos noturnos em várias regiões da cidade? São. Para fechá-los, entretanto, há que se passar por cima de possíveis fiscais interessados na manutenção de estabelecimentos irregulares, fonte interminável de "complementação salarial". Multas pesadas e fechamento dos irregulares seria matar a vaca leiteira, a galinha dos ovos de ouro, o que transforma infratores e supostos aplicadores da lei em aliados contra a lei e a sociedade. Mesmo quando a corrupção não ocorre, e o fiscal simplesmente decide que "tudo bem, você fica aberto, mas não faça muito barulho", temos o caso do agente que se transforma em legislador, julgador e executor da lei.

O fiscal que atua contra a lei não difere, em essência, do policial que executa o bandido (num país em que não existe a pena de morte), que aceita dinheiro para libertá-lo, que se une, informalmente, ao crime, ou que faz vistas grossas a ações criminosas. Seria um exagero afirmar que esse tipo execrável exista só no Brasil. O problema é que aqui ele é tolerado, socialmente respeitado e frequentemente invejado pelo seu sucesso material. Temos que abandonar a dupla e falsa moral que nos transforma em críticos do poder, mas coniventes com aquilo que ele tem de pior. Toda sociedade necessita de estruturas que dissuadam atitudes antissociais. Elas, porém, nunca funcionarão a contento se conivência e interesses imediatos não forem substituídos por atitudes cidadãs.

Nossa identidade cotidiana

Um amigo historiador, argentino e cínico, garante que a identidade nacional brasileira só se manifesta por ocasião de finais da Copa do Mundo de Futebol ou na última semana das novelas. Nesses momentos, segundo ele, ficamos unidos por meio do éter, dos satélites e da televisão, "torcendo" juntos para que nossos briosos rapazes façam os gols necessários ou para que nossos galãs prediletos fiquem com as heroínas de boa índole.

Já um outro historiador, este americano e complacente, maravilha-se com nosso talento para eleger heróis do esporte (referia-se, concretamente, ao simpático Guga) e estabelecer em torno deles um forte tecido de lealdade nacional informal, que substituiria, até com alguma vantagem, outros rituais utilizados em seu país de origem, como o hino ou a bandeira.

Com facilidade encontraremos outros elementos considerados identificadores de nossa brasilidade, como a feijoada, a cachaça (ou a caipirinha), o samba (ou o Carnaval) e até o deslumbramento diante de certas partes da anatomia feminina tão do agrado do macho brasileiro.

É claro que poderíamos buscar outras identidades, além das acima, que classificariam os nossos compatriotas apenas de brasileiros gastronômicos, esportivos, sexuais e noveleiros.

Gosto de pensar que, apesar de tudo, somos ainda seres razoavelmente cordiais e hospitaleiros, embora esta característica não resista à forma pela qual agimos com os mais pobres e menos poderosos. Grades e guaritas, vidros de carro fechados e sobressalto diante de qualquer abordagem não são exatamente sinais de cordialidade, e o simpático e leviano "apareça lá em casa para jantar, qualquer dia desses" é antes um traço de falsidade do que de hospitalidade.

Na verdade, o que deslumbra muitos brasileiros e estrangeiros é a pretensa leveza com que levamos a vida, um certo descompromisso diante das coisas. Sentados nos bares (provavelmente instalados em áreas residenciais, onde o ruído crescente dos amigos de Baco incomoda o trabalho e o lazer dos infelizes moradores das vizinhanças), filosofam sobre a desregulamentação dos horários dos bares, a inexistência de rigidez nos compromissos e a possibilidade de arranjar tudo com uma boa conversa como um notável traço de nosso caráter nacional, ao contrário de americanos e europeus, rígidos e pontuais, tensos e preocupados.

Mas o fato é que, por trás de cada bar aberto irregularmente, há uma corrente de corrupção sendo alimentada, pois o lema da fiscalização continua sendo "criar dificuldades para vender facilidades".

O que estou sugerindo é que a desregulamentação e o jeitinho não são tão espontâneos e ingênuos, não são traços culturais "naturais". São, antes, manifestações de um grave fenômeno, que inclui conivência, clientelismo, tráfico de influência e, insisto, corrupção.

Prova escandalosa da ausência de cordialidade temos no trânsito. Alguém falou que não existe civilização sem respeito ao sinal vermelho. Pior, eu diria, não há futuro para uma nação que não respeita faixa de pedestres.

Os cidadãos paulistanos (e em muitas outras cidades a coisa é ainda pior) serão seguramente atropelados se tentarem atravessar a rua pela faixa de pedestres. Alguém já tentou fazê-lo, por exemplo, no ponto em que os malucos que sobem a Rebouças se revezam com os alucinados que se originam da Doutor Arnaldo para ver quem consegue assustar mais aqueles que ousam atravessar a Paulista, esquina com a Consolação, na faixa de pedestres?

Pior do que desrespeitar a faixa, pior do que quase matar um ser humano, pior do que tudo, porém, é o ar de desdém do motorista para o pedestre, reles indivíduo bípede destituído daquela couraça de aço e vidro que distingue os vencedores, os "Sennas do cotidiano", os heróis do asfalto.

Deslumbrados com nossas conquistas individuais, não deixamos espaço para a prática das regras mínimas de convivência. Parece que não conseguimos assimilar a ideia de que identidade nacional pressupõe respeito ao contrato social de que somos signatários desde o momento em que nos consideramos cidadãos.

O resto é conversa de botequim.

O país dos mais iguais

É curioso observar o que pode e o que não pode no Brasil. Dirigir sem cinto, aumentando o risco de o próprio motorista se machucar mais gravemente em caso de acidente, não pode. Já andar com o veículo com os faróis desligados à noite, com os freios inoperantes e os pneus carecas, ameaçando a vida dos pedestres e de outros motoristas, isso pode. Ou alguém já viu marronzinhos multando os veículos caindo aos pedaços que circulam impunemente pelo país? Atrasar em alguns dias o pagamento do licenciamento (por que não pode ser na mesma data do pagamento do TRU, para não dar tanto trabalho?) dá multa brava. Já andar naqueles imensos veículos importados cheios de cromados, bancos de couro e som digno de uma danceteria, com o motor diesel desregulado para puxar mais, soltando fumaça preta pelas ruas da cidade, isso pode. Ou alguém já viu esses exibicionistas novos-ricos, último modelo de caipira urbano, serem multados por poluir a cidade?
    No capítulo das motos a cena se repete. Assumir o risco de quebrar a própria cabeça pilotando sem capacete provoca multa e lição de moral em cima do domingueiro que resolveu dar uma voltinha com a namorada, coroada com um passeio pelo Parque do Ibirapuera. Mas andar com escapamento aberto ou retirar o miolo do silencioso, infernizando a vida de milhares de cidadãos que são obrigados a ouvir a ruidosa

manifestação de virilidade (!) de um idiota qualquer, isso pode. Cansei de ver garotões bem-nascidos roncando suas máquinas, aguardando a abertura do sinal de trânsito, sob o olhar benevolente do guarda de trânsito plantado na esquina para multar motorista sem cinto e motoqueiros sem capacete.

Aí estão alguns exemplos de como funciona, na vida cotidiana das pessoas, o nosso Estado: não defende o cidadão dos abusos e ameaças do próximo, mas tem a pretensão de defendê-lo de si mesmo. O governo funciona, enfim, como certas pessoas que querem impedir o próximo de fumar. Ora, o que podemos fazer é impedi-lo de fumar no ambiente em que estamos para não sermos prejudicados, é esclarecê-lo sobre os males do fumo e manter elevado o imposto sobre os cigarros, ou limitar sua veiculação na mídia, nunca impedi-lo de fumar. Afinal, morreremos todos, mais cedo ou mais tarde, e cada um deve ter o direito de legislar sobre sua própria morte. Não deveria é poder ameaçar tanto a vida do outro.

Por que o Estado, por meio dos governantes, tem a mania de apresentar "soluções milagrosas" para resolver a saúde, a segurança e o bem-estar dos cidadãos, e consegue passar ao largo dos verdadeiros problemas da população? Por que, por outro lado, a sociedade, *a priori*, considera qualquer medida governamental carente de ética, enquanto cada cidadão, individualmente, nem sempre prima pelo comportamento que cobra do governo? Difícil dizer, mas vale arriscar uma tentativa de explicação.

Devido à nossa formação histórica, em que a cultura bacharelesca sempre teve enorme influência, somos antes súditos preocupados com a letra da lei do que cidadãos responsáveis pelo espírito dela. Consideramos sinal de esperteza encontrar "saídas" na legislação que nos permitam burlá-la e para isso nos cercamos de profissionais pagos a peso de ouro. Burlar a lei de forma legal (por mais contraditória que possa parecer a fórmula) é uma especialidade para a qual pessoas são treinadas, o mercado está aberto e existe até uma legitimação social. Trata-se do reconhecimento oficial da atividade anticidadã, se aceitarmos a ideia de que a legislação existe para normatizar a relação entre iguais. É a consagração das famosas duas categorias de cidadãos, os iguais e os mais iguais...

A CPI e o caminhão de areia

O caminhão de areia faz mais uma viagem. Chora na rampa, derrapa nas curvas, escapa do controle nas descidas, mas avança. O freio de mão já não funciona há muito tempo, faltam o pisca e a lanterna traseira; o farol dianteiro só tem luz alta (e apenas a direita). A recauchutagem dos pneus já descolou, mas, como diz o motorista, "é dos carecas que elas gostam mais". A carroceria descoberta do velho Ford espalha, generosamente, parte da carga que o vento lambe e cospe pelas ruas por onde o caminhão trafega: a areia entra nos olhos dos transeuntes, emporcalha a rua e invade lojas e residências, enquanto o guarda a tudo assiste, sabendo que se parasse o caminhão seria caso para guincho, pois além de tudo o licenciamento estava vencido. "No final das contas", decreta a autoridade, "o coitado é pai de família e tem que trabalhar". Logo adiante, o caminhão absolvido pelo simpático guarda perde totalmente os freios e invade uma feira livre, matando e ferindo várias pessoas. Esse tipo de condescendência, que se apresenta muitas vezes como uma simples atitude de cordialidade, é a "condescendência de culpa" e se manifesta em relação às pessoas diante das quais sentimos desde simples pena até uma indisfarçável culpa.

Usamos esse mecanismo com as empregadas domésticas, das quais certas patroas admitem até pequenos furtos como compensação à condição de semiescravidão a que são submetidas; com a secretária da repartição que ganha mal mas cujo chefe permite realizar trabalhos de datilografia com papel, máquina e tempo da repartição de que é funcionária; com o filho adolescente para o qual o ativo empresário não tem tempo, e por isso admite "pecadilhos" como estudar mal, dirigir com 15 anos, ou mesmo, bêbado, atropelar algum pedestre desavisado. Embora frequentemente prejudique muita gente, a condescendência de culpa tem a inegável vantagem de provocar nas pessoas uma deliciosa sensação de alívio, razão pela qual é tão intensamente praticada.

Demonstrar (falsa) compreensão à falha do outro pode ser manifestação de uma outra modalidade de condescendência que não deve ser confundida com a acima descrita, pois é a "do precedente".

Se um político, nosso conhecido, consegue um maravilhoso empréstimo a juros negativos, não devemos reclamar; se um colega de departamento, na universidade, consegue uma viagem "de pesquisa" para visitar Paris e Veneza na primavera, devemos aprovar sua licença remunerada; se nosso vizinho avança dois metros o muro de sua casa sobre a calçada, devemos apoiá-lo.

Afinal, amanhã poderemos também querer fazer um bom empréstimo, realizar uma viagem "de pesquisa", ou ampliar o terreno de nossa casa. Como vê o arguto leitor, aqui não há culpa, mas só esperteza, matéria-prima de que o povo brasileiro considera-se muito bem municiado. Embora haja várias outras modalidades de condescendência – por intimidação, por alienação etc. –, verifica-se logo que temos a autocomplacência de confundi-la com cordialidade. Na verdade, não temos sido um povo cordial, mas um povo condescendente, e não temos muitos motivos para nos orgulhar disso. Daí a importância do momento em que vivemos, com a CPI da Corrupção. Com o episódio da destituição de Collor, a corrupção explícita deixou de ter o antigo charme e tornou-se um pouco mais discreta. Através de uma atitude firme e pouco condescendente, nossos congressistas demonstrarão que aprenderam a lição, apontando na direção de um país de cidadãos, com direitos e deveres. Nossa contrapartida talvez seja prestarmos atenção às condescendências nossas de cada dia...

A classe média vai à cozinha

Jornais e revistas têm insistido em apresentar o real como culpado pela diminuição do poder aquisitivo da classe média. Produtos e serviços, como teatros, restaurantes, cabeleireiros, encanadores, eletricistas, marceneiros, além de aluguéis e mesmo o custo do casamento religioso, teriam tido alta muito acima dos 35% que a TR vem acusando para a inflação do real em seu primeiro ano. Deixo para os economistas a discussão numérica da questão. Prefiro fazer uma reflexão sobre certas práticas associadas àquela faixa meio indefinida de nossa população que se convencionou chamar de classe média, práticas que se revelaram de forma mais nítida neste último ano.

Fico pensando no que deve fazer alguém que vai se casar quando vê que a igreja onde pretendia perpetrar sua união elevou suas taxas em quase 100%. Desistir do casório e ficar na chamada "união informal"? Comparar as taxas da Igreja Universal do Reino de Deus às da Católica Apostólica Romana e, em caso de sobretaxa desta, reclamar para o Procon? Optar por casar-se no judaísmo, em que nem sequer rabino e sinagoga são necessários para efetivar a união? Ora, a solução para tal questão é muito difícil, pois trata-se de serviço cuja natureza não permite substituição ou dispensa do prestador. De certa forma, entram nesta categoria também muitos serviços médicos e dentários. É difícil conceber uma mulher que aceite, sem relutar, trocar de ginecologista no decorrer de uma gravidez (mesmo que a consulta suba durante os nove meses de praxe), um paciente que procure um cirurgião mais em conta, ou um infeliz que substitua o dentista em pleno tratamento de canal. Mas há casos em que a substituição ou o cancelamento dos serviços é possível e só não ocorre devido a certas características do nosso país. E isso vem de longe...

Lembro-me de uma passagem em romance publicado no século passado em que certo conselheiro, consultado por uma senhora a respeito de um rapaz, candidato à mão de sua filha, disse que o moço não era má pessoa, embora tivesse o inconveniente de ter que trabalhar para viver. É hoje bastante aceita entre historiadores a ideia de que a sobrevivência da escravidão no Brasil durante tanto tempo não ocorreu simplesmente por necessidade da lavoura cafeeira, mas também por interesse de uma camada muito mais ampla da população que possuía escravos. Centenas de anos de escravidão acostumaram as pessoas a identificar "trabalho", principalmente o manual, como "coisa de escravo", "de subalterno". Na mentalidade da época, era razão de orgulho para uma família ter escravos para fazer todo o trabalho doméstico e, se possível, um ou outro de aluguel. Era sinal de distinção possuir negras quituteiras ou negros fortes para qualquer trabalho urbano, pois, além da renda auferida pelo aluguel da força de trabalho para terceiros, os proprietários viam-se liberados de qualquer espécie de tarefa doméstica.

Ao contrário de outros países em que realizar algo com as próprias mãos era condição para o reconhecimento social, aqui o trabalho manual era percebido como algo degradante. Não é por acaso que imigrantes europeus se queixavam com tanta veemência do tratamento que recebiam dos "quatrocentões": como camponeses, antes, ou como operários, depois, os trabalhadores sujavam as mãos com terra e graxa, algo inconcebível para os que se enxergavam como os donos do Brasil. Caindo na armadilha que a História arma, com frequência, vários desses ex-operários e ex-colonos, uma vez ascendendo socialmente, incorporaram o comportamento preconceituoso daqueles em cujas mãos tanto tinham sofrido. Mesmo levas de imigrantes urbanos de classe média e de tradição diferente cerraram fileiras em torno da república de bacharéis. O que importa é negar qualquer vinculação com o trabalho físico, com a pobreza, com o Brasil derrotado e submisso, com o negro de qualquer cor, com os Beneditos e os Severinos.

Gorjeta? Deve-se dar a mais alta possível, como demonstração de poder e distanciamento, de pseudogenerosidade e expiação de culpas ancestrais. Queimou um fusível, a torneira está vazando, o puxador do armário saiu? Chame-se o eletricista, o encanador, o marceneiro e reclame-se contra o real que está inflacionando o mercado por culpa "dessa gente" (aliás, o termo "dessa gente" é expressão dos que se consideram gente diferente dessa). Uma revista clamava aos céus porque um técnico poderia estar ganhando mais do que um professor universitário por "culpa" do real. Em que parte da Constituição Brasileira, ou da Declaração dos Direitos do Homem, ou da Bíblia, ou mesmo do Corão está escrito que um mau acadêmico ou um advogado medíocre devam ganhar mais do que um bom encanador?

Talvez fazer sozinho algumas tarefas e consertos domésticos não seja tão degradante como parece e poderia ter um efeito benéfico sobre a inflação dos preços dos serviços. De resto, perpetrar uma massa ou um peixe na companhia de amigos não é o pior dos programas, mesmo que se tenha também de descascar cebolas e lavar pratos.

Feliz Natal, dona Felícia

Dona Felícia, cinquenta anos assumidos, se orgulha de ser uma democrata histórica. No começo dos anos sessenta, ainda estudante de Ciências Sociais da "Maria Antonia", não deixava de assinar nenhum manifesto progressista que aparecesse a favor de Patrice Lumumba, Fidel Castro, os mineiros bolivianos ou a liberdade da Irlanda. Como namorada do presidente do Centro Acadêmico, chegou a redigir pessoalmente alguns desses manifestos cujos originais exibe com orgulho para a família nas datas festivas. Terminou a faculdade quando começou o regime militar. Com muita dor teve que voltar para a cidade de seus pais, no interior, mas em suas aulas, sempre que possível, explicava aos alunos a superioridade de Geraldo Vandré sobre Tom Jobim, "subproduto da cultura americana em nossas plagas", como demonstrava José Ramos Tinhorão em seus brilhantes escritos. Além disso, evitava se expor, pois o diretor do colégio era reacionário e poderia prejudicá-la; ademais, seu pai, funcionário público de carreira, temia ser prejudicado pela rebeldia da jovem socióloga e lhe recomendava prudência.

Mas dona Felícia não se dobrava. Sempre que podia ia à missa naquela pequena igreja onde o padre lia provocativos trechos dos evangelhos sobre justiça social. Cheia de metáforas no coração, dona Felícia nem se incomodava com os olhares estranhos daqueles homens engravatados, "com certeza agentes do DOPS infiltrados", e saía da igreja, heroica, com a sensação de dever cumprido.

Aceitou casar-se com o engenheiro "meio quadrado" que a cortejava há muito tempo e vir para São Paulo com a condição de não convidarem para almoçar em casa aquele primo seguidor da TFP, a não ser em festas de família. Ficou alguns anos de molho tendo filhos. Nesse período sua atividade política resumia-se à leitura do *Pasquim*, *Opinião* e alguns livros da Paz e Terra. Mas voltou com tudo na luta pelas "Diretas", levando ao comício do Anhangabaú os pimpolhos mais velhos para que eles "tivessem bom exemplo desde cedo".

Dona Felícia é consequente. Apoiou o fim da matança das focas e das baleias, tinha horror a Margaret Thatcher e paixão por Walesa na Polônia, além de uma indisfarçável queda por François Mitterrand, que depois traiu a causa, como todos sabem. Hoje, fica feliz com o fim do racismo na África do Sul e cerra fileiras com os curdos, os palestinos, os índios mexicanos e os revoltosos de Timor Leste. O rádio do seu carro está sempre ligado nas notícias, quer saber tudo o que ocorre. Odeia quando os pedintes de faróis vêm interromper sua sede de participação e fecha os vidros para "aquela gente".

Dona Felícia teve, é claro, que se adaptar ao mundo de hoje e ao seu *status* atual. Afinal, pesquisadora de mercado sênior, mesmo que não fosse esposa de executivo, precisaria cuidar do seu guarda-roupa. O dinheiro anda curto para todos, ela sabe, por isso registra as empregadas por metade do salário para que o desconto do INSS delas seja menor. Sua única tristeza é o que aconteceu com seus três filhos: a menina mais velha, a médica, depois de tanto sacrifício para se formar, apaixonou-se por um treinador de goleiros, "como se isso fosse profissão". Além do mais é de origem libanesa e, embora tenha aceito casar na igreja, "no fundo não passa de um muçulmano disfarçado". O filho do meio, arquiteto, arranjou uma divorciada, "produto de segunda mão", e anda com uma turma esquisita, "homens muito delicados para o meu gosto". O pior foi a terceira, a queridinha, o xodó, que fez Ciências Sociais como a mãe e trabalha numa ONG feminista: esta casou com um negro. Não que dona Felícia tenha qualquer restrição a negros, "Deus me livre, não sou racista", nem que o genro fosse dos mais escurinhos, mas como ela ouviu sua vizinha comentar com uma amiga, "escolher o Pitta para prefeito, tudo bem, mas para genro, tenha a santa paciência...".

Dona Felícia é democrata, mas certas coisas ela não admite. Natal e Ano Novo tem que ser todo mundo junto, em casa, até os genros e a nora, se não tiver outro jeito. Afinal, em certas ocasiões do ano, os pintinhos têm que ficar perto da galinha para serem "reciclados". E conclui, com rara profundidade: "a sociedade anda muito materialista, as pessoas estão muito autocentradas e um pouco de consciência social não faz mal para ninguém".

PARA QUEM SÃO NOSSAS CIDADES?

Para quem são nossas cidades?

O Brasil sofreu um processo acelerado de urbanização. Em algumas décadas a população das cidades suplantou, em muito, a do campo. Cidades novas apareceram, muitas incharam e sofreram transformações profundas. Atividades antes comuns, como passear a pé pelas ruas, paquerar nas praças ou mesmo ir ao cinema, deixaram de existir em muitas localidades. Mesmo nas grandes metrópoles, vários cinemas foram ocupados por supermercados ou templos evangélicos e ver filmes passou a ser, com frequência, uma atividade doméstica, que depende da televisão, dos videoclubes e, mais recentemente, das TVs por assinatura. Longas conversas telefônicas substituíram a visita aos amigos, a comida já pode ser entregue em casa (além das eternas pizzas, comida chinesa, japonesa, massas, congelados e o que mais se possa imaginar), as pessoas não ultrapassam o muro ou as grades de sua casa nem para se despedir daquele parente do interior que ainda pratica o "antiquado" hábito da visita. O fato é que ficamos muito mais em casa, seja por medo da violência, do trânsito ou até dos preços cobrados pela rede mais careira de restaurantes do planeta, a de São Paulo.

O que deveriam fazer nossas, assim chamadas, autoridades constituídas ao se darem conta de que a maior parte da população fica em casa à noite, vendo TV, namorando, ouvindo música, lendo (oxalá!), descansando ou todas as alternativas anteriores? Uma boa resposta seria: "As autoridades, preocupadas com o bem-estar dos cidadãos, zelam pelo silêncio noturno, atendem imediatamente aos chamados dos que se sentem agredidos pela zoeira e cuidam para que os fiscais se mantenham incorruptíveis, pautando suas ações por princípios e não por interesses circunstanciais". Quem já teve a desagradável oportunidade de reclamar, nas regionais, de bares abertos sem alvará e situados em zoneamento proibido, quem mora em ruas onde filhinhos de papai passeiam com seus carros e motos com escapamentos abertos e pediu auxílio às "autoridades" duvida da preocupação daqueles que deveriam zelar pela cidade. Colocado diante da burocracia, forçado a ligar para telefones permanentemente ocupados para tentar falar com funcionários quase sempre ausentes (se os funcionários nunca estão lá, como é que os telefones estão sempre ocupados?), o cidadão sente, na própria carne, o peso de uma história de quase 500 anos de desrespeito e truculência.

Democrata radical, ainda acho que as pessoas são eleitas ou nomeadas também para servir a população, não apenas (vá lá) para gozar dos prazeres do poder, como confessou um prefeito do interior paulista, ao reconhecer seu embevecimento ao passear no Tempra de sua prefeitura, "dotado de vidros elétricos".

A autoridade existe, entre outras coisas, para mediar a relação entre desiguais. A faixa de segurança, por exemplo, é uma interferência governamental na relação entre motoristas e pedestres, a partir da suposição (válida em quase todo o mundo, não tanto no Brasil) de que um automóvel ou um ônibus devem respeitar o frágil ser humano que ousa cometer a heresia de atravessar a rua. Pude constatar, alguns dias atrás, ao trafegar por uma avenida paulista dotada de poucos semáforos, mas com várias faixas de segurança que, com uma única exceção, nenhum pedestre esperava para atravessar na faixa. Aliás, ao parar junto a essa faixa para que o herói isolado (era uma heroína, por sinal) pudesse atravessar com segurança, um Gol branco me ultrapassou buzinando e me obsequiando com um sonoro "babaca".

O episódio é muito mais sério do que parece: no limite hiperbólico mostra até que ponto chegou a desconfiança do povo com relação às mediações governamentais. Uns não respeitam. Outros não confiam. Talvez por isso mesmo, em cidades como São Paulo, faz quem pode (ou quem paga, como pretende um amigo meu descrente da honestidade das pessoas) e cala quem não pode (ou quem não paga por não ter, ou por não ser corrupto, como ainda diria o mesmo amigo cético). Há uma cena comum, repetida em todos os bairros, que é bem o reflexo do desrespeito aos cidadãos. A construção de um novo edifício invade totalmente a calçada e, para marcar bem a posse, passa uma fita proibindo a passagem de pedestres pelo local. Expulso da calçada, o pedestre tenta caminhar pela rua, onde é ameaçado pelos motoristas, cônscios de seu direito de ocupar o asfalto. O cidadão, educadamente, procura o engenheiro da obra e sugere a construção de uma passagem provisória para que o pedestre tenha por onde caminhar. O engenheiro, truculento, responde que o cidadão deveria encontrar o que fazer em vez de ficar incomodando quem trabalha, e, debochado, sugere que ele faça uma reclamação à administração regional. "Não vai adiantar nada", conclui, seguro.

Seria muito pedir uma cidade para todos os cidadãos?

Uma cidade sem sossego

A insegurança endêmica que afeta os habitantes das grandes metrópoles em todo o planeta não é a única violência com que se defronta o cidadão de uma cidade como São Paulo. Também a ausência de um transporte coletivo digno, o desrespeito aos direitos do cidadão e o ruído infernal vindo de todos os lados contribuem para dificultar nossa existência.

Neste particular vivemos no pior dos mundos. Interpretando a vitória (ao menos neste *round*) do liberalismo no mundo como o primado do indivíduo sobre o grupo, cada um de nós concluiu que podia tudo, e o próximo que lutasse para se salvar. Com a mesma grosseira simplificação dos que enxergavam em Stalin, o georgiano sangrento, um paladino da igualdade social, os corifeus da sociedade de mercado têm plena convicção de que pisar na cabeça do mais fraco é uma ação concreta a favor da livre competição e da globalização dos mercados.

Tenho a triste suspeita de que, da mesma forma como passamos da cultura da oralidade diretamente para a da imagem virtual sem nos determos no cultivo da escrita, demos um salto do pré-capitalismo para a exacerbação da competitividade sem assimilar alguns valores básicos da democracia e dos direitos humanos. E isso pode ser percebido, de forma ruidosa, em nossa vida cotidiana.

Um exemplo são os famosos carros que vendem a "pamonha de Piracicaba". Conversei com o motorista-vendedor de um desses veículos e lhe perguntei se não se sentia constrangido em arremessar, agressivamente, todos aqueles decibéis na cabeça de pessoas para atingir alguns poucos compradores potenciais. Ele me respondeu que estava no seu direito, pois não estava furtando, como se roubos fossem apenas de bens materiais, e não de paciência, tranquilidade, direito ao repouso e tudo o mais. Da mesma forma devem pensar vendedores de morangos, de cândida, de candidatos a vereador e do mais, que se preocupam apenas em resolver o próprio problema. O dos outros não lhes diz respeito.

As construções merecem um capítulo à parte. Misturadores de concreto, caminhões manobrando, serras elétricas e esmeris de todo o tipo se misturam a gritos e urros dos peões da obra (por sinal, submetidos a condições subumanas de alojamento) para infernizar a vida dos moradores próximos à edificação. Faz barulho quem pode, cala-se quem não é amigo do prefeito. Reclamações às regionais são solenemente ignoradas ou apenas utilizadas, segundo voz corrente, para engordar a caixinha de alguns fiscais.

E que tal falar dos "barzinhos" instalados em regiões residenciais com a suspeita complacência das chamadas autoridades? Este jornal contou recentemente a desventura de Vera Fischer, em Nova York, querendo jantar no Soho depois da meia-noite e não sendo atendida por causa do horário... Ora, Vera, venha a São Paulo comer e beber a qualquer hora da madrugada! E pode gritar à vontade, sair embriagada do bar, buzinar, cantar pneus e arrancar o cano de escapamento do automóvel para conseguir mais efeito. Em nossa cidade basta registrar o bar ou restaurante como lanchonete: com isso se consegue autorização da prefeitura para se estabelecer em zona de comércio limitado ao atendimento dos moradores da rua. É macete que todos conhecem e praticam com a já conhecida complacência etc., etc.

Há ainda o inacreditável ruído do nosso trânsito, que não pode ser explicado apenas pelo seu volume: muitas cidades importantes do mundo têm movimento semelhante nas ruas com níveis de ruído muito inferiores. Em compensação, não têm carros velhos, caminhões imensos e ônibus de concepção pré-histórica trafegando. Nossos ônibus urbanos são montados em chassis de caminhão, têm câmbio de caminhão e conforto de caminhão. Os donos das transportadoras não se preocupam em dotar os ônibus de equipamentos básicos, como degraus escamoteáveis, suspensão agradável e câmbio automático, por exemplo. Caminhões imensos, com motores a diesel totalmente desregulados, adentram nossa cidade para entregar uma única caixa de cerveja ou refrigerante na padaria da esquina: difícil entender por que veículos muito menores não são utilizados para tal fim, como em todo o mundo (nosso rodízio proibiu a circulação de furgões e peruas e liberou os caminhões).

E, finalmente, os carros velhos. Essa é uma área delicada, pois há um hábito cultural em nosso país que consiste em retirar o essencial da população e lhe dar uns trocados acompanhados de um tapinha nas costas como compensação. Só essa atitude pode explicar por que numa sociedade tão excludente como a nossa se tolera a circulação de veículos obsoletos, em péssimo estado de conservação, sem nada parecido com catalisador ou mesmo escapamento, com freios em situação deplorável, e por aí afora. Precisamos ter a coragem de não permitir a circulação de veículos sem condições e dotar a cidade de um sistema de transporte coletivo digno.

É possível, contudo, que o pior de todos os ruídos urbanos não seja nenhum dos já apontados – que poderiam ser significativamente reduzidos com atitudes imediatas e viáveis pelas autoridades. O inferno cotidiano fica mesmo ao nosso lado, é o nosso vizinho.

Um cardiologista amigo mora num bairro tranquilo, não fosse o imenso cão carente que passa boa parte do dia lamentando sua condição com uivos lancinantes, ganidos tristes e latidos desesperados.

Outro conhecido construiu uma linda casa ao lado de uma família de músicos: a mãe, concorrendo com os caminhões de gás, perpetra diariamente o *Pour Elise*, de Beethoven, com mais vontade do que talento, e os filhos, com uns amigos, se reúnem nos fins de semana para ensaiar seu rock pauleira. E o que dizer do vizinho de prédio, principalmente o de cima? Generoso, nosso vizinho de cima quer dividir conosco seu cotidiano e suas emoções. Quando chega em casa se anuncia batendo as portas e evita tirar suas botas de vaqueiro ou seus saltos altos, de modo a ouvirmos seu tropel através da fina casca de concreto e do malfadado "carpete" de madeira. Para que possamos compartilhar suas andanças pela sala e a corrida do seu pimpolho atrás da bola, evita a forração com carpete ou a colocação de um tapete que poderia abafar um pouco o som. Os armários, dotados de dobradiças de pressão, são soltos deliberadamente para nos avisar que ele está pegando uma lata de ervilha na cozinha, uma cueca limpa no quarto ou a escova de dentes no banheiro. Andar descalço ou com chinelos, nem pensar. Ele gosta mesmo é de uns tamancos ortopédicos que nos comunicam o momento exato em que vai esvaziar a bexiga ou atacar a geladeira em plena madrugada. Ao pedirmos, humildemente, um pouco de silêncio, uma vez que costumamos escrever em casa, ele nos comunica que nossos apartamentos são residenciais e não de escritório, embora, a seu juízo, possam desempenhar as funções de playground, campo de futebol ou estrebaria. Orgulhoso por sua façanha de comprar um apartamento num bom edifício de classe média, o "vizinho" (não o meu, é claro) é a personificação do neoliberal feliz consigo mesmo e seguro de que consideração pelo próximo é coisa de fraco.

    Serão estas as bases da comunidade solidária que queremos construir?

Ser pedestre em São Paulo

Saio do Bradesco da Cerro Corá, no Alto da Lapa, e me preparo para atravessar a rua. Pedestre acidental (meu carro está estacionado no outro lado), felicito-me por existir faixa de pedestres bem em frente ao banco. Olho para a esquerda, depois para a direita (como minha mãe me ensinou), arrisco um passo, na expectativa de que os veículos me deixem percorrer aqueles metros dentro da faixa internacionalmente consagrada como sendo dos humanos e não das máquinas mortíferas. A senhora do Gol branco, crianças no banco de trás, mostra logo que minha tarefa não seria fácil. Vai em cima de mim, buzina forte e avisa que sou um "babaca". Babaca ou não, preciso atravessar a rua. Passam carros velhos e novos, "bicheiras" e carros de luxo, ônibus regulares e clandestinos, peruas, caminhões e "bestas" de toda a espécie. Ninguém me concede a passagem, digo mais, ninguém nos concede, pois àquela altura éramos já seis ou sete, inclusive uma criança de colo.

O local é complicado mesmo, pois para segurar os veículos só há, à esquerda, o farol com o cruzamento da avenida São Gualter, a mais de cem metros, e do lado direito, a uns trezentos. O fluxo é quase incessante e o pedestre não tem vez, porque faixa de pedestres no Brasil é enfeite no chão, não sinal convencional de preferência. E, sejamos justos, ninguém respeita: jovens e velhos, homens e mulheres, gente de terno e de roupa descorada, brancos, negros, amarelos, azuis, todos se transformam ao volante. O final da novela foi o de sempre: uma corrida assustada e as habituais ofensas dos motoristas pela nossa pretensão de ocupar o sacrossanto espaço dos carros.

Pergunta: em vez de tentar flagrar e multar, por meio de máquinas sofisticadíssimas, o motorista que passa pelo sinal vermelho na avenida Sumaré deserta, em plena madrugada, não seria mais adequado, como se faz em Chicago ou Tel Aviv, multar impiedosamente aquele que não respeita a preferência dos pedestres que tentam atravessar as ruas pelas faixas? Ou será que esperamos, via geração espontânea, que os motoristas se enquadrem?

Na verdade, pode-se qualificar nossos motoristas de diferentes maneiras, mas sua atitude egoísta estará sempre presente. Temos, por exemplo:

• O egoísta preguiçoso – É aquele que não dá a seta. Vira para a esquerda, quando está na direita; para a direita, vindo da esquerda, estaciona ou entra bruscamente em alguma garagem, mas não dá a seta. Essa patologia, segundo observações empíricas que fiz no trajeto que percorro habitualmente, afeta entre 80% e 85% dos motoristas.

• O egoísta folgado – É o que se sente no direito de ocupar um pedaço de cada pista, impedindo a ultrapassagem, seja pela esquerda, seja pela direita. Costuma ficar nervoso se forçado a se definir. Imagina-se que, em casa, ocupe sozinho o sofá diante da televisão, obrigando a família a ver novela sentada no chão.

• O egoísta porco – É o que atira coisas pela janela do carro. Na minha já supracitada e profundamente científica observação empírica, anotei os seguintes objetos sendo jogados, largados ou olimpicamente arremessados de veículos: papel de bala amassado, casquinha semimoída de sorvete, embrulho de presente, lata de refrigerante, lata de cerveja, recibo de pedágio, meia laranja (devia estar azeda), casca de melancia, casca de amendoim, papel higiênico (ou lenço de papel, não tenho certeza), cinza de cigarro e toco de cigarro. Fumantes, por sinal, merecem especial distinção nesta categoria, uma vez que nos últimos anos não foi constatado um único caso de fumante que tenha depositado as cinzas de seu cigarro num objeto de decoração muito comum nos automóveis chamado cinzeiro.

• O egoísta fominha – Este também poderia ser chamado de egoísta egoísta ou egoísta ao quadrado. Ele aplica a "lei de Gérson" ao pé da letra. No estacionamento do supermercado, ocupa a vaga pacientemente aguardada pelo cidadão mais educado, chegando a forçar um confronto. Mesmo que tenha de virar à esquerda, fica na fila da direita, se esta estiver menor, não se incomodando com os de trás. Em vez de esperar que o sinal vermelho se transforme em verde, "ganha" alguns segundos e um torcicolo fiscalizando o apagar do verde no cruzamento. Como não pode perder tempo, dirige com uma mão só, já que está sempre falando no celular, gravando mensagens para a secretária e costurando agressivamente.

• O egoísta justiceiro – É aquele que define a velocidade adequada de seu automóvel e de todos os demais da rua ou da estrada. Tem plena convicção de que andar mais lentamente seria coisa de molengas, e, mais rapidamente, de malucos. Estes verdadeiros fundamentalistas do trânsito (pois detêm a Verdade Revelada e se sentem no dever de impô-la a todos os demais) andam na Anhanguera pela pista da esquerda a 80 quilômetros por hora e na Bandeirantes trafegam pela pista do meio, mesmo que não haja ninguém na pista da direita. A esposa ideal do justiceiro é a surda, pois além de fazer justiça, ele vai desenvolvendo suas teorias e criando jurisprudência ao longo da viagem. Haja!

Com tantos egos inflados pelo cheiro da gasolina, só mesmo um pouco de repressão para dar vez ao pedestre.

O caos urbano

Andar pela cidade de São Paulo nos reforça a convicção de que os legisladores fingem que legislam, o Executivo finge que executa, mas o que conta mesmo é a força, a esperteza e o poder econômico. Exemplos não faltam: qualquer prédio em construção é um atentado à cidadania. Logo após a euforia dos estandes enfeitados de bandeirolas, se inicia longa fase de tormento aos que vivem ou passam num raio de pelo menos 500 metros da construção. Caminhões com motores desregulados, máquinas de terraplanagem, liquidificadores de concreto que não deixam ninguém dormir sossegado. Trabalhar em casa, nem pensar: machista irremediável e desconhecedor do conceito de escritório virtual, o mestre de obras de um edifício vizinho em construção explicava-me que o barulho que ele ajudava a produzir não atrapalhava ninguém, "a não ser mulheres desocupadas porque agora é hora de expediente e os homens estão trabalhando". Tenho a mais absoluta certeza de que não pode ser considerado razoável um nível de ruído que impede as pessoas de conversar, em tom normal, no 10º andar de um edifício situado a mais de 100 metros da construção. Tenho também uma certa convicção de que o tremor de terra sentido em toda a vizinhança a cada avanço das fundações não deve ser aceitável numa cidade que faz cumprir suas leis. E olha que o prédio do barulho fica numa rua que se chama Harmonia...

Muito perto dali abriu-se um "café" (nome estranho para um boteco metido a besta) que não tem hora para fechar e oferece as habituais cenas de alcoólatras procurando seus carros aos berros em plena madrugada. Em nome do lucro do dono do "café" e da diversão de meia dúzia de boêmios, centenas de vizinhos têm seu sono prejudicado. Se não adianta conversar com proprietários e frequentadores (a quem moradores, de pijama, já apelaram inutilmente), não seria razoável esperar que "psius" e a administração regional dessem alguma atenção aos interesses dos moradores da região? Por falar em moradores, não posso deixar de registrar como historiador certos comportamentos de nossa população. O máximo de cinismo ocorre quando um motorista multado por estacionar em lugar proibido inicia um longo discurso contra a "indústria de multas" que estaria sendo executada pela prefeitura de São Paulo. O fato de seu carro, afunilando a corrente de tráfego, ter prejudicado todo o fluxo de centenas ou milhares de automóveis lhe é indiferente, o fato de isto ter ocorrido muitas vezes sem a merecida punição (se fosse possível puni-lo sempre, a infração não mais ocorreria) também não lhe interessa. Sua cínica "denúncia" sempre tem por trás a justificativa (*sic*) de ter dado uma paradinha por um minuto para que a sogra, obesa e com osteoporose, pudesse descer em segurança ou algo do tipo. Multado, nosso cidadão não se sente infrator, mas injustiçado. Se tiver ouvintes e verniz de formação teórica, logo iniciará uma ladainha sobre a necessidade de resistência civil às imposições do governo, sobre a má utilização das verbas públicas e assim por diante numa arenga em que coloca no mesmo saco Gandhi e John Lennon, Marx e Delfim Netto.

Numa subversão de valores, direito de cidadão é, para muitos, seu direito particular, o direito de estacionar onde quiser, de gritar nos botecos até de madrugada, de conversar em voz alta no cinema (e até em concertos), de fumar na cara do vizinho no restaurante. Práticas sociais devem ser ensinadas, mas não nos iludamos: a coerção também é necessária. Impressionado com o trânsito civilizado de cidades tão diversas como Chicago e Tel Aviv (lá o pedestre é de fato privilegiado), perguntei qual o segredo. A resposta foi idêntica nos dois lugares: campanhas educativas, fiscalização e multas pesadíssimas. Não foi assim, aqui mesmo, com o cinto de segurança? Por que, então, aceitar imposições ditadas por espertos, poderosos ou ricos à maioria da população com a colaboração, segundo se afirma, de meia dúzia de funcionários venais?

 Viver em comunidade pressupõe certas regras que cabe à sociedade definir, aos legisladores formalizar e ao Executivo fazer cumprir.

A cidade esquecida

Alguns dizem que Jericó foi a mais antiga, mas a maioria acredita que as primeiras cidades foram construídas na Mesopotâmia; eram povoados discretos, humildes, mesmo que comparados com pequenas cidades brasileiras de hoje, mas já indicavam a tendência gregária dos humanos. Mais que isso – porque gregários eram também os caçadores e os agricultores –, as primeiras cidades apontavam para uma divisão de trabalho, uma especialização, que seria a principal marca dos agrupamentos modernos. Afinal, hoje, muitos de nós comemos, nos vestimos e habitamos sem nos preocupar em plantar, fabricar vestimentas com a pele de um animal ou construir a própria casa. Temos nossa atividade e, se a fazemos bem, estamos contribuindo para o coletivo com os produtos ou os serviços que oferecemos, na expectativa de que outros o façam da mesma forma e com a mesma eficiência. Uma espécie de objetivo humano é chegar a uma sociedade em que cada um dê o máximo de si e receba o máximo de seus concidadãos. Autoritarismo, apropriações e desvios deste objetivo seriam apenas acidentes de percurso. O pressuposto era que aos "espertinhos", aqueles que procuravam se apropriar dos produtos ou serviços alheios sem oferecer nada em troca, coubessem punições, que buscavam deter a burla ao pacto social do qual cada cidadão era signatário.

Isso, pelo menos até Cabral descobrir o Brasil e as administrações regionais serem rifadas. Nossas prefeituras, em vez de estimular a prática cidadã, criam uma verdadeira barreira de indiferença, má-fé ou corrupção diante dos pequenos e dos grandes problemas do município. E nós não entendemos ainda que antes de sermos cidadãos de uma nação, ou do mundo, o somos de uma cidade. Vejamos algumas cenas do cotidiano.

    O freguês chega até a banca de frutas numa feira qualquer e pergunta se a ameixa está doce. O feirante não responde diretamente: empunha uma faca, limpa sua lâmina no papel, corta uma generosa fatia da fruta e oferece ao comprador potencial. Este se maravilha diante da doçura da ameixa (ou da nectarina, ou do abacaxi) e completa sua compra. Horas depois estará comentando o seu azar, já que exatamente as frutas que comprou estavam azedas enquanto a que experimentara na feira estava tão doce que até agora lhe adoçava os lábios. O truque do feirante? Colocar adoçante exatamente no papel em que "limpa" a faca para os trouxas. Há ainda o problema do peso. A existência de pelo menos uma balança oficial em cada extremo da feira permitiria a aferição das compras feitas por peso, induzindo os comerciantes a um quilo mais próximo de mil gramas. Confessou-me candidamente um vendedor de tomate que seu quilo deflacionado era necessário para não vender mais caro do que a concorrência... Disse-me ainda que fiscal na feira "só depois do meio-dia para encher o carrinho de graça".

    O leitor não vai à feira? Quem sabe caminha pelas calçadas da cidade? Calçadas esburacadas e irregulares, cheias de degraus e ocupadas por guaritas, bancas de jornais, automóveis e outros bichos. Calçadas que não permitem a passagem de cadeiras de deficientes, de carrinhos de bebê. Calçadas que querem expulsar o passante para o meio da rua onde ele será presa fácil dos neuróticos do volante em que todos nos convertemos. Não há cidadania sem calçadas decentes.

O leitor estará seguramente revoltado com rodízios, rodízios de rodízios e assim por diante. Estará se perguntando, do alto do seu fervor cívico manifestado em reter o seu (ou um dos seus) carro na garagem, qual o sentido de impedir que 20% da frota urbana circule, se as fábricas de automóveis batem recordes sobre recordes de produção, vomitando sobre as ruas da cidade milhares de veículos novos a cada semana? O meu prezado leitor, que anda de metrô em Paris e de ônibus em Roma, dará a vida para não entrar nas verdadeiras carroças (estas sim) que são nossos ônibus urbanos, irregularmente montados sobre chassis de caminhão, com degraus muito mais altos que os 25 cm de lei, absurdamente caros e, neste final de século, ainda dotados de câmbio manual, que estressa o motorista e sujeita os passageiros a solavancos desnecessários. Quando é que a classe média vai desistir do sonho cada vez mais inútil do seu mil cilindradas e começar a lutar com seriedade por um transporte coletivo digno? E quando é que o poder público vai parar de jogar para a plateia (que, parece, adora ser enganada), apenas transferindo o congestionamento por mais cem ou 200 metros de túneis e viadutos vistosos e inúteis?

Após o dia de trabalho o leitor quer descansar. À tarde, mesmo aos sábados, não consegue porque automóveis e camionetes continuam anunciando suas pamonhas, suas cândidas, morangos, gás e outros bichos. À noite, nosso pobre leitor rola na cama diante do som daquele barzinho que, autorizado a funcionar apenas como lanchonete e sob o acobertamento cínico das autoridades públicas (autoridades? públicas?), promove "blues e jazz" às terças, MPB às quintas e "dance music" aos sábados, sempre sem horário para terminar.

Somando-se a isso tudo, a poluição visual, o tráfego de caminhões (ainda não entendi por que um monstrengo de dez toneladas é autorizado a entrar em ruelas e estacionar sempre no meio da rua para descarregar duas ou três caixas de refrigerante ou cerveja) e outras coisinhas do gênero, percebe-se que o descaso em relação às nossas grandes cidades, e São Paulo de forma particular, chegou a um ponto próximo do limite.

Os mesopotâmicos devem estar rolando em seus túmulos, arrependidos por terem criado a cidade. Como na ficção, a criatura está prestes a devorar o criador.

São Paulo, meu amor

São Paulo tem sorte por fazer aniversário em janeiro. Neste mês as ruas ficam mais vazias, os cinemas se tornam viáveis até em finais de semana, o humor das pessoas melhora. Livre das madames que passam longas temporadas nas areias poluídas do Guarujá, dos boyzinhos que vão surfar em Maresias, dos novos-ricos que vão procurar alguma nevasca no Hemisfério Norte, o trânsito da cidade se torna quase suportável; e as pessoas, acostumadas a considerar o tempo do congestionamento no cálculo de seus trajetos, acabam chegando adiantadas aos compromissos. Com o humor de janeiro, tanto os que ficam na cidade por opção quanto aqueles que não tiveram alternativa acabam descobrindo nela virtudes que não percebem nos outros meses do ano.

O fato é que São Paulo nos surpreende. Nesta época do ano, ela ostenta um verde agressivo, brilhante, fruto da união de calor e chuva. As velhas tipuanas, imensas e cheias de parasitas, chegam a impedir a passagem do sol, ao juntarem suas copas às de suas irmãs do outro lado da rua. Sibipirunas e paus-ferro acolhem bandos de periquitos gritões, bem-te-vis indiscretos e tico-ticos madrugadores. Quaresmeiras apressadas revelam seus primeiros botões. Quem caminha atento pelas ruas arborizadas da cidade descobre um inesperado e imenso pau-brasil no Alto de Pinheiros, cafeeiros em vários bairros e uma incrível variedade tonal entre os sabiás (talvez um especialista consiga até identificar a região de origem dos sabiás pelo canto). Constata também que amoreiras, mangueiras, jabuticabeiras e outras árvores frutíferas, plantadas em ruas e quintais, atraem cada vez mais pássaros, tornando a nossa cidade mais agradável. Há que ter paciência também, porque caminhar por nossas calçadas é se arriscar a tropeçar nos seus buracos mil, é estar sujeito a trombar com um automóvel, placidamente estacionado na calçada, é enfrentar guaritas e cercas vivas agressivas, é ser expulso para o leito carroçável da rua e enfrentar os automóveis, ainda (até quando?) os reis da rua?

Assim é São Paulo, hospitaleira e hostil, até numa simples caminhada.

Às vezes pergunto por que tanta gente mora aqui. Afinal, esta é uma cidade violenta e perigosa, em que a parcela dos que têm se esconde atrás das grades das casas e dos prédios, das trancas e dos vigias, dos vidros fechados dos carros e das guaritas instaladas nas ruas, nas casas e nos corações. Esta é uma cidade apressada, em que as pessoas demoram horas para chegar de um lado a outro e, por falta de tempo ou medo, se trancam cada vez mais dentro de sua solitária autossuficiência. Esta é uma cidade em que a competição com todos os demais habitantes do planeta (resultado cruel da globalização) já começou, e, em vez de amigo e concidadão, o próximo é visto como adversário, inimigo mesmo, competidor que ou se mata ou nos mata. Esta é uma cidade em que poucos utilizam o equipamento cultural que a diferencia de todas as demais cidades brasileiras e a iguala a poucas do mundo inteiro. Afinal, por que tanta gente mora aqui? Se a resposta for emprego, até esse, pelo jeito, também está acabando, como confessa um dos diretores da Fiesp em artigo publicado no Estadão.

Então por quê?

Porque esta é uma cidade que tem uma força incomparável. Porque esta é uma cidade que olha para trás, não por nostalgia, mas para encontrar sustentação para novas ações. Porque esta é uma cidade pulsante, aberta para novas experiências, embora reticente a modismos tão a gosto de cidades menos sérias. De resto, São Paulo é séria, sim, mas não é sisuda. Quem a acusa de inflexível não percebe que ela apenas se recusa a ser leviana. Cidade de rosto definido, mesmo sem ter marcos ou símbolos evidentes, ela é a soma de muitas caras. Qual mulher recatada, não exibe logo os seus encantos, que revela apenas àqueles com quem tem mais intimidade. Deglute migrantes, incorpora imigrantes, seduz todos por não ser natureza enfeitada, mas espaço construído pelas mãos de cada um de nós.
São Paulo merece ser bem tratada.

PROFESSORES E POLÍTICA EDUCACIONAL

Onde está o professor?

Entrar no ginásio do Estado era o primeiro orgulho que um garoto podia propiciar à sua família. Símbolo de talento e inteligência, o uniforme das escolas oficiais atestava a superação da primeira grande barreira para se vencer na vida. Logo vinham os veteranos a nos prevenir da rudeza do professor de Matemática, das implicâncias do professor de Francês, da simpatia do de Português, e assim por diante.

O corpo docente era estável. O professor fazia seu exame de ingresso no magistério e, após chegar a um bairro ou a uma cidade onde estivesse bem, fixava-se, ocupando seu espaço de intelectual, contracenando com o juiz, o médico e outros profissionais de destaque. Adquiria uma casa, vestia-se bem e era admirado e invejado como vencedor. Conhecia todos os seus alunos, preparava suas aulas e corrigia as provas em casa. Tinha dignidade.

Onde está esse professor?

Constrangido a dar um número absurdo de aulas para sobreviver, o professor não tem tempo nem disposição para ler, se atualizar ou fazer qualquer tipo de reciclagem. À exceção de heroicos casos avulsos ou de grupos de resistência enquistados no marasmo, o professor da escola pública é um burocrata do ensino, que fica procurando no calendário o próximo feriado e se viciou em folhear o Diário Oficial buscando, nas fissuras da legislação, alguma folga que lhe permita uma pausa na sua atividade enlouquecedora.

Pois não é enlouquecedor dar aulas para 15, 20 ou 30 classes diferentes, centenas e centenas de alunos, rostos sem nome, nomes sem rosto? A "insubstituível relação professor-aluno" é viável quando um não conhece o outro? E que dizer das aulas dadas mecanicamente, terminar uma para dar outra e depois outra, turma após turma, numa rotina que desgasta e aliena?

Os alunos não têm rosto, mas o professor também não tem. A cada ano, milhares de professores experientes abandonam o ensino para se dedicar a qualquer outra atividade que lhes permita um pouco mais de conforto e saúde mental. Cada ano, milhares de professores-estudantes, às vezes primeiranistas de faculdade, entram em sala de aula para ensinar algo que nem sequer aprenderam. As escolas não têm mais corpos estáveis, não têm também rostos, assim como os alunos e professores, com raríssimas exceções. O professor-aluno, de passagem por uma escola (fica um ano apenas, às vezes alguns meses), não conhece o bairro, não conhece a realidade dos alunos e, mesmo que tivesse boa formação, não saberia estabelecer a necessária relação entre o patrimônio cultural da humanidade e o saber do grupo que deve educar.

A questão do salário do professor da rede pública é um dos nós da questão. Impossibilitado de viver com um número razoável de aulas, o professor vai aumentando sua jornada de trabalho. Tendo de preparar aulas e provas, corrigir exercícios, dar atendimento personalizado aos alunos e planejar o curso com colegas de outras áreas, o professor deveria ter, necessária e obrigatoriamente, uma jornada limitada de aulas. Ao esticar sua jornada, deixa de planejar, de ler e preparar aulas e passa a corrigir provas (geralmente com respostas únicas para facilitar a correção) em sala de aula. É cada vez mais comum o professor que manda os alunos lerem algumas páginas do livro didático em sala de aula, enquanto prepara as provas de outra classe; ou ele mesmo inicia a leitura do livro que adotou sem conhecer.

Não é preciso enfatizar aqui o resultado desse processo. O aluno termina (quando termina) o segundo grau sem saber escrever, sem desenvolver o espírito crítico, sem estabelecer conexão entre escola e vida. É um aluno mal preparado para o vestibular, candidato, na melhor das hipóteses, a um curso superior (?) de terceira categoria. É um cidadão mal preparado para o mercado de trabalho, com baixa produtividade. O pesado investimento da sociedade tem um retorno sofrível, muito dinheiro jogado fora.

O pior (ou o melhor) é que a solução não é tão difícil assim. De uma forma ou de outra, os prédios escolares encontram-se em estado aceitável. O equipamento está longe de ser moderno, mas não há déficit no essencial. A questão central é, realmente, o professor.

Além do salário, ele tem de superar o isolamento a que está submetido. Hoje é comum professores da mesma turma que não conversam sobre seus alunos ou sobre o programa, e até nem se conhecem. Vão à escola, entram em suas salas, dão suas aulas e vão embora. Sentem-se desassistidos e desvalorizados.

Há ainda a questão da leitura. A proporção dos professores que leem é muito baixa. A dos que têm o hábito de adquirir livros (seu instrumento de trabalho) é menor ainda. Acostumados a receber o "livro do professor", confundem o investimento da editora com vista a uma futura adoção em obrigação das empresas editoriais. Toda editora tem centenas de cartas arquivadas em que o professor solicita livros de atualização teórica ou metodológica, afirmando não os poder comprar por ser professor... É a miserabilidade total quando um profissional não consegue sequer adquirir seus instrumentos de trabalho!

Salário justo

Como diria o conselheiro Acácio, todos devem receber um salário justo. A questão – e aí não vale a referência ao ilustre arauto do óbvio – é determinar o que é justo. Era justo, por exemplo, o ex-ministro Magri receber adicional de periculosidade na Eletropaulo sem ter de subir em postes? E acrescer ao salário uma referência por "nível universitário" sem ter frequentado faculdade? Responderemos, provavelmente, que não. Nosso senso de justiça se revolta contra mordomias que oneraram nossas contas de luz e acabam aumentando o custo de vida. Mas será que nossa consciência se rebela igualmente por carência de mordomias?

Um editor me contou uma história de arrepiar. Enviou para professores do Brasil inteiro uma relação de livros importantes para a formação deles, com uma proposta de venda com desconto significativo. Para diminuir o custo operacional, pediu que as ordens de compra viessem com cheque nominal. Além de receber dezenas de cartas com xerox de holerite em que os professores solicitavam os livros gratuitamente (achavam-nos importantes, mas não tinham dinheiro para comprá-los), nosso amigo recebeu alguns telefonemas de professores que queriam fazer a compra, mas não tinham cheque: o banco recusava-se a abrir-lhes conta por sua renda ser inferior ao mínimo exigido... E quem se escandaliza com isso?

Os jornais dizem que o governador vai baixar os salários de todos os funcionários que ganham mais do que ele. Bobagem, não passa de jogo de cena. Primeiro, porque, ao contrário dele, a esmagadora maioria dos funcionários públicos não dispõe de habitação gratuita – com exceção, talvez, dos que residem debaixo dos viadutos – nem automóvel, motorista, comida, isenção de alguns impostos (não é o governador que paga o IPTU do Palácio dos Bandeirantes, ou é?), viagens etc. Um professor paga do seu próprio bolso o transporte de sua residência para as várias escolas onde trabalha (nem ganha vale-transporte ou auxílio-combustível do Estado, mas fica a ideia...) e arca com todos os seus custos operacionais.

Se o governo, de fato, baixar muito os salários nas estatais, correrá o risco de manter nestas apenas funcionários de baixa qualidade, já que os melhores buscarão a iniciativa privada, na qual, em algumas áreas, a remuneração é determinada pela qualificação e pelo resultado que o funcionário oferece. O enxugamento da folha de pagamento não passa pelo achatamento e nivelamento dos salários, mas, exatamente, pelo reconhecimento e estímulo a quem, pela eficácia, desempenha suas funções com nível. Talvez menos e melhores funcionários fosse uma boa solução. Diminuir salários, em si, é uma atitude inconsequente, já que poderia resultar numa queda da eficiência da estatal, onerando mais ainda os contribuintes.

E que fazer nas áreas em que a iniciativa privada não pode funcionar como parâmetro? É evidente que um ótimo físico ou um grande filósofo são muito importantes para a sociedade. No entanto, é impraticável pensar nos seus salários em universidades estaduais a partir do que pagam as centenas de faculdades que se transformaram em verdadeiro caça-níqueis; pagam por aula, não promovem pesquisas nem têm bibliotecas ou laboratórios.

Cá com meus botões, para casos como estes, pensei em fazer uma sugestão ao prezado governador Fleury.

Para evitar corporativismo de lado a lado (afinal, o governador foi promotor e eu, professor universitário), que tal igualar os salários de desembargadores (último estágio da carreira de juízes) aos dos professores titulares (último estágio da carreira do professor universitário, após fazer tese de mestrado, de doutorado, de livre-docência e prestar concurso de adjunto-titular)? Mesmo sem saber quanto ganham os juízes e promotores – um segredo muito bem guardado –, seria capaz de apostar que meus colegas aceitariam a isonomia salarial com os deles. Sei que tanto o Poder Judiciário quanto as universidades são autônomos, mas não subestimo o poder de argumentação do Executivo – que é quem cuida do orçamento.

E por falar em orçamento, não está na hora de pensar nos professores estaduais que só têm talão de cheque porque seus salários são depositados compulsoriamente no Banespa? Não parece justo?

É difícil gastar em educação?

Reportagem recentemente publicada neste jornal dava conta da dificuldade que muitos prefeitos do Estado vêm tendo para gastar os 25% que, de acordo com a lei, são obrigados a aplicar em educação. Segundo a matéria, a verba municipal para o ensino básico tem sido desviada para despesas como compra de veículos, compra e aluguel de edifícios e até conservação de jardins e de praças públicas. Não apenas para isso. É muito comum as prefeituras adquirirem ônibus, sob o pretexto de transportar universitários para cidades vizinhas. Também costumam fornecer bolsas de estudo para apaniguados políticos. E são useiras em asfaltar ruas e até contratar funcionários com o dinheiro destinado à educação. Alguns prefeitos são simplesmente mal-intencionados. Outros até que são bem-intencionados, mas mal informados, por colocarem a educação dos seus munícipes em plano secundário.

Até pouco tempo atrás ainda se podia discutir que prioridade deveria ter a educação num país onde há tantas prioridades. Hoje, essa discussão está superada. Numa economia globalizada, numa sociedade em que cada cidadão concorre pelo trabalho com pessoas do mundo todo, em que o trabalhador desqualificado vale cada vez menos e o altamente qualificado, cada vez mais, a educação é condição fundamental para que o indivíduo tenha chances de conseguir um emprego, pois é, mais do que nunca, garantia essencial de um desempenho profissional adequado.

Nenhum dos países que cresceram significativamente nos últimos anos conseguiu fazê-lo sem dispor de um sistema educacional eficiente. Nenhum deles dispunha de riquezas naturais de grande porte, antigo orgulho nosso e pretensa garantia de futuro promissor. Nenhum era rico há alguns anos. Seu grande investimento, o único que dá retorno a médio e longo prazo, foi em educação. Arriscaria dizer que, ironicamente, o fim do socialismo real coincide com o fim da era do capital, uma vez que caminhamos céleres para a era da competência. O lucro que o competente dá à sua empresa é tão grande (graças à informática, a competência se potencializa e se reproduz) que todas as organizações estão caminhando para estruturas enxutas e qualificadas, em vez de volumosas e inoperantes, ou mesmo razoáveis. E a base de tudo está na escola de qualidade para todos.

É triste constatar que, enquanto o mundo caminha num sentido, há prefeituras que ainda gastam verbas da educação até com esterco. Mas o mais triste é que esses fatos são muito conhecidos nos municípios onde são praticados e continuam ocorrendo, por conta da consagrada impunidade aos infratores de colarinho branco e da conivência da própria população. Muitos gritos de protesto ficam retidos na garganta em troca de uma bolsa de estudo ou de um emprego na prefeitura. É lamentável que o espírito público e a consequente prática da cidadania ainda se curvem, muitas vezes, a interesses pessoais e imediatos.

Façamos, contudo, um exercício de ingenuidade e aceitemos, apenas por hipótese, a ideia de que efetivamente muitas prefeituras não saibam em que utilizar a dotação orçamentária destinada à educação. Nesse caso, cabe-nos ajudá-las, fazendo sugestões. Farei algumas, apenas para desencadear o processo, mas gostaria que os leitores que conhecem as necessidades educacionais de suas cidades melhor do que ninguém apresentassem também suas ideias no sentido de ajudar nossos queridos prefeitos, tão faltos de imaginação.

Começaria minha lista de sugestões pelo óbvio: não há educação de qualidade sem um professor bem formado, atualizado e bem pago. Assim, proporia que os municípios que não sabem o que fazer com o dinheiro pagassem uma complementação salarial a todos os seus professores, sejam eles municipais ou estaduais. Com isso, muitas escolas particulares, que também pagam um salário de fome aos seus professores, seriam obrigadas a rever, para melhor, sua política salarial. Sugeriria, em seguida, que fossem organizadas atividades destinadas a instrumentalizar os professores do município. Nosso país tem educadores de excelente qualificação que aceitariam fazer um trabalho com os docentes do ensino de primeiro grau. Como não há problema de verba, não seria o caso de atirar intelectuais competentes em hoteizinhos sujos, resignados a um cachê deplorável. Não. O município pagaria bem, para ter bons palestrantes que ajudariam a manter o corpo docente do município num patamar alto. Muitas vezes, mais do que do salário ultrajante que recebe, o professor se ressente do abandono a que é relegado. Há que reacender o amor próprio, a autoimagem do professor, para que ele dê o salto que se espera dele e de que é capaz.

Como ainda há dinheiro, sugeriria que os prefeitos formassem bibliotecas escolares. Há muitos livros importantes para alunos e professores (além dos didáticos) e bibliotecas vivas são muito frequentadas (não me refiro, é claro, àqueles depósitos de livros ciosamente trancados e intocados, como virgens medievais).

Como se vê, dá para gastar (bem) com educação.

Livros para os professores

Que a situação da escola pública no Brasil é dramática todos sabemos. Os salários baixos desmotivam professores, dificultando seus esforços no sentido de uma atualização permanente e desvalorizando-os face a outras profissões. A máquina burocrática, aliada a interesses políticos menores, transformou secretarias e mesmo setores do Ministério da Educação em cabides de emprego, fazendo com que as verbas da educação, já pequenas, fiquem ainda mais minguadas no longo trajeto percorrido entre a arrecadação de imposto e o holerite dos mestres. Além disso, continua em voga a prática de se definir apenas micropolíticas educacionais, em vez de verdadeiras filosofias de educação, o que implica descontinuidade administrativa, com sérios prejuízos para o ensino quando atingem iniciativas positivas de governantes que estão saindo.

Gostaria de discutir um pouco a questão do livro, instrumento sem o qual nenhum professor pode desenvolver adequadamente sua função. Não vou tratar aqui do hábito desenfreado do xerox, que apresenta fatias autoritárias de saber (pois corta capítulos e pensamentos do autor, apresentando um recorte favorável às ideias do professor), nem da ausência de uma política de compra de livros pelas bibliotecas universitárias. Interessa-me a questão dos livros instrumentais para professores do primeiro e segundo graus.

Também nesta área, quando um governo estabelece algumas práticas, o seguinte, para se afirmar, começa negando tudo o que já foi feito. Sabe-se que importantes membros do setor educacional do atual governo consideram fundamental manter as bibliotecas atualizadas para que alunos e professores tenham como aprofundar suas pesquisas, preparar suas aulas e conhecer novas tendências do ensino, mas nosso alcaide ainda não se mostrou disposto a superar brigas políticas em favor da melhoria do ensino. O que vai acontecer neste período de mudança de governo em nível estadual e federal? É sabido que, dentre os governantes eleitos, vários são pessoas informadas e preocupadas com o nosso sistema de ensino. Temos razões para esperar deles um esforço muito grande no sentido de valorizar o ensino público, uma vez que são políticos capazes de perceber a diferença entre democratizar e massificar a educação. Há muita roupa suja para lavar e muita água suja para jogar fora. É importante que isso seja feito. Convém, contudo, prevenir nossos governantes recém-eleitos a respeito do risco que correm se desconsiderarem as boas experiências dos governos anteriores, jogando fora o bebê junto com a água do banho. E bebês que não podem ser jogados fora são, com certeza, as bibliotecas das escolas-padrão, no nível estadual, e a "biblioteca do professor", no nível federal, ambas experiências importantes demais para serem abandonadas.

Com o salário que ganha, fica muito difícil para o professor adquirir seu principal instrumento de trabalho, o livro. Frequentemente, usa para se instrumentalizar o próprio livro didático que adota para seus alunos, mesmo os de séries anteriores. Não é por acaso que os "exemplares do mestre" de muitos livros didáticos não passam do livro do aluno vergonhosamente acrescido de respostas... Ora, professor tem necessidade de livros atualizados, tanto do ponto de vista pedagógico quanto de uma perspectiva de conteúdo. Seu conhecimento não pode ficar defasado, sob pena de a qualidade do ensino ficar num patamar muito baixo. Por isso o Estado tem a responsabilidade de fornecer aos professores uma bibliografia mínima que lhes permita dar maiores voos, principalmente no que se refere aos livros que conseguem estabelecer uma conexão entre o estágio atual do conhecimento ou da metodologia de determinada área e a prática do professor em sala de aula: algo entre a tese e o livro didático, entre a realidade e o desejável; em outras palavras, o possível. E a orientação de acervos como o da "biblioteca do professor" caminha exatamente nessa direção, embora os números ainda sejam muito tímidos: são 5 mil acervos de 300 livros cada um, quando o objetivo é chegar a algumas centenas de milhares de acervos permanentemente atualizados, acompanhados de um treinamento de professores para que os livros não sejam subutilizados.

Dispondo de livros de estudo comprados com muito desconto das editoras pela FAE (por se tratar de tiragens grandes), o professor passa a evitar também a situação constrangedora de ter que pedir obras às editoras para preparar suas aulas. E as editoras ficam motivadas a produzir e publicar obras para os professores, prática evitada por muitas com a justificativa (a meu ver, exagerada) de que "professor não compra livro". Deve-se registrar que acervos importantes também foram montados por órgãos educacionais dos governos de São Paulo (por meio da FDE, até 1993), do Paraná e do Rio Grande do Sul, além de outros estados, de forma mais modesta.

Ter acesso a livros é um direito do professor. Cabe a toda sociedade, beneficiária da qualificação dos mestres, exigir o direito à leitura por parte de alunos e professores. Cabe aos governantes executar políticas coerentes com suas promessas eleitorais, mesmo que estas tenham sido formuladas em governos anteriores.

*Por uma escola de cidadãos**

A escola brasileira depara-se, neste final de século, com uma série de desafios que, se forem devidamente enfrentados, podem colaborar decisivamente para romper a barreira do subdesenvolvimento e transformar o país que temos no país que queremos. Se é uma ingenuidade tocante imaginar uma escola todo-poderosa como fator fundamental de transformações sociais, é de um derrotismo irreal considerar a educação formal apenas caixa de ressonância acrítica da sociedade.

Otimizar as verbas da educação; definir uma política educacional coerente e de longo prazo e mantê-la durante diferentes governos; adequar o ensino à era da informática; manter os professores atualizados; integrar o saber universal ao universo regional sem descaracterizar suas especificidades; manter aceso o interesse do aluno na escola, quando saberes mais estimulantes entram em sua casa pela televisão: estes e muitos outros são problemas que cabem ao educador e aos políticos conscientes considerar. Os problemas são tamanhos que algumas questões são frequentemente relegadas a um plano secundário, como se fossem periféricas ou superficiais. E o caso da cidadania, que só há muito pouco tempo tem merecido alguma atenção das autoridades responsáveis pelo ensino, especialmente o elementar.

* Colaborou neste artigo a profa. Regina Pahim.

95

Afinal, qual o objetivo da escola senão formar cidadãos? Todos sabemos que a escola enquadra, ajusta, integra, desestimula atitudes antissociais, ajuda a transformar o educando num ser social. Ao passar valores específicos de uma região ou de um país, passa também comportamentos e permite ao aluno acesso ao patrimônio cultural da humanidade. E os direitos e obrigações da cidadania são partes integrantes desse patrimônio. A cidadania não é, contudo, uma concepção abstrata, mas uma prática cotidiana. Ser cidadão não é simplesmente conhecer, mas, sim, viver. Não há possibilidade de ser cidadão num regime totalitário, como a Alemanha de Hitler, a Itália de Mussolini ou uma nação latino-americana submetida a governos militares. Isso não significa, contudo, que a democratização formal transforme, automaticamente, todos os habitantes do país em cidadãos. Costuma-se dizer que a cidadania, como a liberdade, não pode ser outorgada, mas, sim, conquistada. Se isso é verdadeiro, não é menos verdadeiro que cabe a nós, educadores, um papel fundamental no sentido de ampliar o debate sobre a questão da cidadania e os limites impostos à sua prática. Uma boa maneira de fazê-lo seria meditarmos um pouco sobre a dificuldade que encontramos para exercer plenamente a nossa cidadania e sobre as barreiras que impedem a sua prática. Podemos dizer que muitas das dificuldades têm a ver com a nossa própria História, com a maneira como a Nação brasileira surgiu e como ela se articula com o Estado. De fato, em nosso país, o Estado precedeu a Nação, ao contrário do que ocorreu em outros países. Em 1822, estabeleceu-se como instituição jurídica o Estado brasileiro sem que houvesse ainda uma Nação brasileira. Em outras palavras, cria-se uma instituição jurídica sem a existência da correspondente base social.

Imposto sobre o povo e não criado por ele, o Estado brasileiro não o tem representado. Isso pode ser percebido até na forma como nos referimos ao nosso governo. Enquanto cidadãos europeus ou norte-americanos se referem a atitudes de seus governos na primeira pessoa do plural (nós invadimos, nós erramos etc.), nós falamos do nosso governo na terceira pessoa do plural (eles invadiram, eles erraram etc.). Por conta desse divórcio entre governo e sociedade, "eles" não nos respeitam e "nós" não lhes damos legitimidade. Não nos sentimos responsáveis pelos atos do governo, portanto não nos consideramos com obrigações diante das leis. Burlar a lei, sonegar impostos, atravessar sinais vermelhos, jogar lixo nas ruas, depredar escolas, arrancar páginas de livros tirados de bibliotecas são atos em que creditamos, frequentemente, a nossa esperteza e rebeldia, nunca considerando-os lesivos à sociedade de cidadãos da qual nós mesmos fazemos ou deveríamos fazer parte. A democracia brasileira só se consolidará quando todos nós nos percebermos cidadãos, com direitos e deveres, e não como um bando desarrumado e irresponsável de indivíduos.

Como se vê, o problema da cidadania tem várias facetas. Devemos, porém, dar atenção especial a uma questão que está presente nas relações cotidianas de todos nós e que deve ser cuidadosamente tratada na escola, onde se manifesta com mais frequência do que gostaríamos de confessar. Além disso, a escola é um local privilegiado, não só para discuti-la, mas para iniciar um trabalho de atenuação da sua força. Estamos falando da questão do preconceito e da discriminação, em suas mais variadas formas.

No passado gostávamos de dizer que no Brasil não existia o preconceito, éramos uma ilha de tolerância, o brasileiro era cordial por natureza. Importantes autores chegaram a afirmar que até nossa escravidão foi mais amena, como se ser escravo pudesse ser algo ameno... Hoje, não só não temos mais esta ilusão como percebemos que o monstro da intolerância pode estar mais perto do que imaginávamos... Identificá-lo, desmistificá-lo, enfrentá-lo com determinação, definir estratégias para combatê-lo: essas são as metas que temos pela frente.

Raramente admitimos que temos preconceitos ou que discriminamos alguém. Preconceito, nunca. Temos opiniões bem definidas sobre as coisas. Preconceito é outro que(m) tem... Mas se prestarmos atenção certamente nos lembraremos de certas afirmações que já fizemos ou costumamos fazer. Falamos sobre "as mulheres", a partir de experiências pontuais; conhecemos "os políticos" porque o síndico do nosso prédio é um sargento aposentado. Mas discorremos de maneira especial sobre raças e nacionalidades e, por extensão, sobre atributos inerentes a pessoas nascidas em determinados países. O mecanismo funciona mais ou menos assim: estabelecemos uma expectativa de comportamento coletivo (nacional, regional, racial) a partir de umas poucas impressões sobre esses grupos e seus componentes, ou mesmo sem conhecermos pessoalmente nenhum membro do grupo sobre o qual pontificamos. Enfim, uma noção que formamos a partir de um exemplo ou de uma informação é transplantada para toda uma categoria.

Há necessidade de se envidar esforços para que as contribuições daqueles que refletem sobre esses temas, pesquisadores, participantes de movimentos destinados a defender categorias discriminadas, integrem os estudos sobre educação, evasão, repetência, relação professor/aluno, conteúdos curriculares, livros didáticos, formação de professores.

Embora já seja razoável o acervo de conhecimento produzido sobre essas questões, são poucos os educadores que se mostram sensíveis a essa discussão, poucos cogitam de dimensionar a sua influência no desempenho do alunado. Um exemplo disso é o fato de raramente os diagnósticos sobre educação incluírem a variável "raça" nas suas considerações... Há necessidade de que os responsáveis pela elaboração dos currículos se empenhem para que as diferentes disciplinas estimulem, à luz dos seus conhecimentos, discussões sobre conceitos como "raça", etnia, nação, racismo, preconceito, estereótipo, etnocentrismo, bem como de todos os tipos de vieses e generalizações que levam a deturpações, concepções errôneas e levianas de outras culturas, "raças", etnias, povos e religiões. Para além dos significados, é importante enfatizar as consequências que o uso leviano que todos nós fazemos de muitos desses conceitos no nosso cotidiano pode ter, tanto para aqueles que são afetados como para aqueles que os utilizam, acabando por sedimentá-los.

Os autores e editores de livros didáticos, por sua vez, precisam estar mais atentos para evitar que os textos e as ilustrações discriminem categorias sociais, seja por omissão, seja por veicularem sobre elas imagens negativas e estereotipadas.

Esses seriam os primeiros passos. Depois, seria importante criar um ambiente estimulante e acolhedor, *para todas as crianças independentemente das suas diferenças*, sejam elas raciais, culturais, religiosas, físicas; incentivar e dar oportunidade a todas se manifestarem, de tomarem posição; aproveitar todas as ocasiões para *evidenciar de modo positivo* o grupo de origem dos alunos pertencentes às minorias sociais, seja no relacionamento com os mesmos, no desenvolvimento da matéria, na postura que adota perante acontecimentos em que estiveram envolvidos, seja no próprio ambiente escolar. Nesse sentido, é importante que pessoas de diferentes origens apareçam nos materiais visuais que enfeitam as salas de aula, tanto em cenas do cotidiano como em cenas que mostrem a sua participação nos acontecimentos históricos e a sua contribuição para o nosso desenvolvimento. Não se pode esquecer que tais providências não vão só beneficiar aqueles que são discriminados, que são vítimas de preconceitos. Todos se beneficiarão, na medida em que estarão tomando conhecimento de outras culturas, outras visões de mundo e, sobretudo, estarão aprendendo uma postura de respeito ao seu semelhante, mesmo que ele seja diferente ou considerado como tal.

Um choque educacional para o Brasil

Não que a globalização seja algo inteiramente novo na História: no limite ela não passa de uma exasperação de um processo de muitos séculos, ao qual o Brasil esteve ligado desde o Descobrimento. O comércio triangular que envolvia Europa, África e América, no período em que éramos colônia de Portugal, já não era propriamente uma atividade provinciana... O que, sim, a globalização tem de novo é a redefinição do papel dos Estados nacionais, um incremento formidável do setor de serviços, uma tecnologia permanentemente renovada de âmbito mundial, uma enorme fluidez de capitais (que há um século e meio Marx já sabia não ter pátria) e a superação da força de trabalho desqualificada. Será que o Brasil está de fato preparado para a globalização?

É razoavelmente consensual a ideia de que o Estado-empresário não está tendo mais espaço: não é mais sua função gerir empresas, funcionar como cabide de empregos, pagar salários incoerentes para uma minoria de funcionários à custa da maioria da população. Isso quer dizer que o Estado deve ser mínimo, deixando que o velho liberalismo renasça das cinzas e substitua todas as funções antes atribuídas à administração pública? É evidente que não. Há, em certos setores, uma contradição irremovível entre a necessidade do lucro, que impulsiona o empresário, e a necessidade de atendimento da maioria da população. Não é por outra razão que a defesa do consumidor, o combate aos monopólios privados, o direito à arbitragem nas relações empresas/cidadãos têm sido uma grande preocupação dos Estados nacionais de capitalismo mais avançado. As pessoas são diferentes, sim, mas não podem partir de patamares muito distintos. Uma nação moderna só se viabiliza quando todos têm direito à cidadania e ao Estado cabe, dentro do possível, fazer com que todos os cidadãos tenham as mesmas oportunidades.

Teríamos que pensar se estamos dando conta de suprir as necessidades básicas de todos os brasileiros e, mais que isso, se estamos organizados ou estamos nos organizando para as profundas transformações que a globalização carrega, queiramos ou não. Que a resposta ao primeiro item é negativa não há dúvida alguma: basta lembrar que somos um dos países socialmente mais injustos do mundo em distribuição de renda, algo, aliás, já denunciado por vários dos nossos principais dirigentes, entre os quais os ministros da Educação e da Cultura e o próprio presidente da República. Não se pode, é claro, cometer a leviandade de responsabilizar o atual governo por uma situação que se mantém há séculos, mas se pode e se deve cobrar uma ação mais efetiva em alguns setores, como, por exemplo, na educação.

Logo a educação, dirá o atento leitor, a educação onde tanta coisa está sendo feita? Sim, a educação. Exatamente por ser um dos ministérios mais operantes do atual governo, por ter nos seus quadros educadores de primeira linha, por ter imprimido dinamismo e credibilidade às suas ações, por lutar por um livro didático de qualidade e por parâmetros curriculares adequados às escolas do país inteiro é que ele pode ser cobrado. Afinal, bons currículos e bons livros não podem ser acionados à distância, ou por computadores. Necessitam de professores bem preparados, atualizados e com suas leituras em ordem. E nesse aspecto o ministério tem cometido o pecado da timidez.

Que o professor é malformado, todos sabemos. E nem estamos falando apenas dos leigos, ou dos que não têm curso superior, ou dos formados em cursinhos de final de semana, que ainda proliferam sob vários disfarces. Mesmo na maioria das faculdades razoáveis, a questão do ensino é relegada a um plano secundário e as matérias pedagógicas dos cursos de licenciatura são apenas toleradas pelos demais departamentos. Jogados diante dos alunos da rede pública, muitos professores são incapazes de operacionalizar conceitos básicos de suas áreas de conhecimento, não conseguem construir um conhecimento junto com o aluno e logo entram no rameirão do saber pronto e acabado. Utilizando o livro didático não como elemento componente do seu arsenal pedagógico, mas como bengala para as suas deficiências, um grande número de professores estuda no material que deveria utilizar para ensinar. Muitas vezes um livro didático é o único daquela disciplina que tanto alunos como professor consultaram.

Alguns estados, como Minas Gerais e São Paulo, desenvolveram importantes programas de capacitação de professores que incluem acesso a bibliotecas e cursos. Por mais significativos que sejam, são fatos esporádicos, que sozinhos não têm como reverter nossas imensas carências, que, vergonhosamente, não nos colocam bem classificados sequer entre as demais nações latino-americanas.

É estranho que este governo, tão radical no "choque de capitalismo" que infligiu ao país, não tenha pensado num "choque educacional" do mesmo porte. Um povo de analfabetos, semialfabetizados, ou pessoas despreparadas para enfrentar criticamente a massa de informações que já está chegando do mundo inteiro (via TV, Internet, CD-ROMs, DVDs e outras parafernálias), não terá como ser um povo livre, criativo e com personalidade própria. Será sempre um consumidor de *software* produzido em outros lugares e uma mão de obra reserva para ser ativada quando e se for necessária. Ora, como formar cidadãos brasileiros no mundo que aí está com o ensino brasileiro na condição em que se encontra? Nossa única chance é ousar. Interromper durante um semestre, ou mesmo um ano, os cursos de graduação e pós-graduação de todas as faculdades do país nas áreas ligadas ao ensino fundamental e organizar, sob a orientação do ministério de Educação, um curso enérgico de capacitação de todos os professores brasileiros do ensino fundamental, de norte a sul do país. Professores universitários e muitos de seus alunos, devidamente credenciados para este fim, se deslocariam para cidades que funcionariam como centros de ensino. O país ficaria de pernas para o ar durante um ano, ao fim do qual teríamos um quadro docente bem mais capacitado. É claro que o programa teria que ser permanente, exigindo acompanhamento cuidadoso, formação de bibliotecas escolares para alunos e professores, política coerente de salários e benefícios e por aí afora.

    Mais do que alinhavar uma proposta, gostaria de estimular todos quanto se sintam responsáveis pelo país a colocar para funcionar o seu espírito de aventura. O fato é que não podemos mais perder o bonde da história. Se não nos sobrar ousadia, não passaremos de reles limpa-trilhos de um comboio que nos deixou para trás.

ESCOLA E CIDADANIA

Que escola dar ao povo?

Uma das faces mais perversas que o Brasil ostenta é a extrema polarização que ocorre entre ricos e pobres, entre poderosos e deserdados. Mais grave, porém, do que a simples constatação desse fenômeno social é a aparente tranquilidade com que a sociedade encara essa separação, como se ela fosse algo perfeitamente natural (no sentido de algo engendrado pela natureza e não pelos homens). País capitalista emergente, tomamos emprestado das grandes potências industrializadas alguns dos cacoetes mais caricatos que elas conseguiram desenvolver, como consumismo desenfreado, exibicionismo primário, peruagem explícita e macaquice recorrente. Os que têm dinheiro se veem e se apresentam como vencedores, e, para os que não têm, ficam os restos do banquete.

O desprezo com que é visto o povo pode ser constatado através de manifestações preconceituosas com relação à moradia (habitantes de favelas são logo tachados de bandidos), vestimenta, penteado e até cheiro (lembram-se do ex-presidente que preferia o cheiro de cavalo ao do povo?). Mas esse desprezo se manifesta de maneira mais global através das políticas públicas que, em princípio, deveriam atender exatamente àquela parcela da população que não tem como resolver problemas básicos com recursos próprios. O caso da saúde é exemplar: dizia-me o diretor de um plano de seguro de saúde que a melhor propaganda de seu "produto" eram as reportagens feitas pela televisão sobre hospitais públicos que, ao mostrar atendimentos de emergência em macas e corredores, levava as pessoas a procurar correndo um plano particular de saúde. Isso para não se falar da óbvia necessidade de se desenvolver em nosso país a medicina preventiva, cuja incipiência afeta enorme parcela da população ainda sujeita a doenças já erradicadas do mundo civilizado há muito tempo. E não se diga que isso não é possível: as campanhas bem executadas contra a poliomielite provam que basta vontade política para caminhar no sentido da necessidade da população e não da ostentação jeca.

No setor dos transportes coletivos o que ocorre em quase todo o Brasil é realmente vergonhoso. Com poucas exceções (Curitiba é a mais conhecida delas), os brasileiros são conduzidos como gado. Os ônibus, com câmbio manual, estressam os motoristas e provocam arrancadas bruscas que seriam facilmente resolvidas dotando os veículos de transmissão automática. Os degraus de acesso aos veículos, altíssimos, criam situações constrangedoras para idosos, mulheres de saia justa ou mesmo pessoas que não estejam em forma física perfeita. Quando perguntei a um antigo prefeito de São Paulo por que os degraus não poderiam ser mais próximos do chão, ele me disse que os buracos das vias não permitiam esse luxo. Não pude deixar de observar que degraus escamoteáveis já existem há muito tempo... mas como quem viaja em ônibus é povo, a coisa ficou por isso mesmo.

Essas reflexões vêm a propósito da greve dos professores da rede pública de São Paulo. Como ex-professor de muitos deles na USP, na Unicamp e na atual Unesp, tenho quase vontade de lhes pedir desculpas. Perdão por ter estimulado em vocês o gosto pela História. Perdão por ter mostrado que o historiador, mais do que qualquer outro intelectual, deve desenvolver o papel de consciência crítica da sociedade. E perdão, principalmente, por ter desenvolvido, por palavras e exemplos, o amor pela atividade docente.

Que é feito, afinal, de toda a generosidade que vocês ostentavam ao escolher a profissão de professor? Das ideias de dedicar tempo para conhecer a comunidade junto à qual fica a escola, de ler muito, de se manter atualizados através de cursos? Reivindicando R$210,00 por mês de piso (e nem isso merecendo, ao que parece), vocês precisam trabalhar dois, três períodos, emendar aula a aula, pular de um extremo a outro da cidade em transportes desconfortáveis (o sonho do carro "popular" cada vez mais distante), apavorar-se diante da possibilidade de uma doença e ficar felizes se conseguirem repetir suas aulas sem criatividade a uma plateia amorfa e desmotivada. Livros, nem pensar, não sobra dinheiro para isso e poucas escolas dispõem de bibliotecas (e as notícias são de que não se pretende atualizar as já existentes, quanto mais dotar todas as escolas de bibliotecas...).

Quando as escolas públicas atendiam a elite e a classe média, professores ganhavam muito mais. Os antigos colégios do Estado estavam entre os melhores e mais disputados e tinham nos seus quadros mestres dedicados que conheciam todos os alunos, com quem conviviam anos a fio. Até hoje me lembro do vetusto prédio da avenida Eugênio Salerno, em Sorocaba, onde aprendi a ler Machado de Assis e Aristóteles, Cícero e Émile Zola. Com a democratização (massificação?) da educação, os governantes não mais acharam necessário remunerar decentemente o professor, pois as escolas passaram a atender o povo. E, para o povo, a educação deve ter o mesmo padrão que os transportes ou a saúde. Questão de coerência...

Para o futuro só vejo duas possibilidades: ou fazemos um importante investimento social, que deverá ser referendado por toda a sociedade (que deverá se dispor a pagar o custo da opção), ou assumimos o risco de uma sociedade dicotomizada. Nesse caso, devemos providenciar já o reforço das grades em nossos prédios e casas.

Participação de todos

Reivindicar ações culturais e educação de nível num país como o nosso é sempre perigoso. Haverá sempre quem levante, mais alto, a bandeira da luta contra a fome e a favor da saúde como prioridades inadiáveis e para onde deverão ser canalizados todos os recursos. Nessa mesma linha, com relação à educação, durante muito tempo prevaleceu a ideia de que qualquer escola seria melhor do que nenhuma escola, qualquer professor melhor do que nenhum professor e qualquer livro melhor do que nenhum livro. A qualidade deveria sacrificar-se à quantidade. Deu no que deu...

A falha não é, apenas, de execução, mas de formulação: a ideia de que, se é para ser para todo mundo, tem que ser ruim ("qualquer" escola, "qualquer" livro etc.). Vários países tão ou mais pobres do que o nosso atingiram, em poucos anos, resultados excelentes após terem feito um investimento importante na educação. A receita, mais conhecida do que a de pudim de leite condensado, todo mundo sabe: professores bem formados, motivados, adequadamente remunerados e com possibilidades de se reciclarem periodicamente. Bibliotecas abertas e razoavelmente completas contendo obras acessíveis e atualizadas. Livro didático de boa qualidade.

Pode-se dizer que custa caro formar um bom professor. Errado. Um mau professor é que sai caro, por ser ineficiente e ineficaz. Um mau professor ajuda a provocar a repetência (embora, às vezes, não seja culpa sua, mas dos que aprovaram, indevidamente, os alunos em séries anteriores). Um mau professor não segura o aluno na escola; não prepara alunos para a vida profissional. É curioso que nos obriguem a usar cinto de segurança (mesmo sabendo que ao não usá-lo atentamos apenas contra nossa própria vida), sob o argumento de que o custo hospitalar de nossa internação será pago por toda a sociedade, e convivamos com professores malformados mesmo sabendo que sua ação será deletéria contra todos os que estiverem em sua área de ação. Não há necessidade de se fazer cálculos profundos para se chegar à conclusão de que um bom professor, decentemente pago, sai mais barato.

Outro sofisma que tem sido veiculado pela imprensa diz respeito à baixa qualidade do livro didático existente no Brasil. Longe de mim defender certas obras que não passam de colagens mal costuradas de autores inexistentes. A CBL tem dado prêmio a livros que passaram pelo crivo de exigentes comissões julgadoras – e isso não tem constituído notícia para a imprensa. De resto, o professor tem o direito de escolher, em cada escola, o livro que julgar mais adequado aos seus alunos. Se especialistas julgam que o professor não fez uma escolha adequada, não seria mais razoável colocar a seu alcance obras de apoio que lhe permitissem fazer escolhas melhores (na ótica dos especialistas) do que achar que o livro didático é o culpado?

De uma forma ou de outra, o importante é saber que a educação não pode ser um projeto do governo. Ou de uma meia dúzia de iluminados. Tem que ser um projeto do e para todo o Brasil. Exige a participação de todos.

Cidadania se aprende na escola

Desmotivada e sem recursos, a rede estadual de educação está sucateada e não tem a menor condição de atender de maneira razoável aos estudantes que a procuram. Certo? Errado. A doença é grave, o paciente tem de ser tratado, mas a escola pública pode e deve voltar a exercer um papel central no nosso sistema educacional, desde que se faça uma avaliação correta dos seus problemas, um planejamento lúcido das prioridades e uma operacionalização adequada e corajosa das soluções que se fizerem necessárias. Para isto, a Secretaria de Educação tem de sofrer uma profunda reforma que permita a otimização de seus recursos humanos (de muito boa qualidade em vários setores) e a libere de vícios estruturais que se vêm avolumando no decorrer de administrações mais preocupadas com o uso político da rede do que com o educacional. E se é improvável transformar (durante um único governo) a educação pública que temos naquela com a qual sonhamos, é possível promover alterações profundas e irreversíveis, desde que se convoquem professores e pais para *participar* das mudanças, e não para simplesmente *executar* decisões tomadas em gabinetes distantes das salas de aula.

A questão central tem a ver com a própria prática da cidadania. A escola pública é, frequentemente, vista como um órgão governamental, como um aparelho do Estado, não como um órgão da sociedade que visa permitir oportunidades iguais a todos. O professor sente-se explorado, os alunos imaginam (embora nem sempre com razão) que numa escola particular seriam melhor instrumentalizados e os pais percebem a escola como um elemento estranho no bairro ou no quarteirão: lá chegam, apressados, professores desmotivados em seus carros velhos (quando não de ônibus), despejam seu saber e, tão rapidamente quanto chegaram, partem para a escola seguinte, como se fossem médicos plantonistas que acumulam expedientes para tornar viável seu ganha-pão. É comum o professor nada saber do bairro onde trabalha, dos alunos que educa, da vida real das pessoas que vivem na região. Poucas comunidades zelam por suas escolas, exatamente porque não as consideram suas, mas do "governo", entidade sem rosto, distante e autoritária. Escolas depredadas são apenas a face mais visível desse "desacordo" entre alunos, professores, comunidade e governo.

O caminho começa, portanto, num restabelecimento do diálogo entre os diferentes interlocutores, para que se possa começar a pensar numa escola de e para cidadãos. Uma escola em que o aluno receba uma educação que de fato seja a síntese entre o patrimônio cultural da humanidade, no seu sentido mais amplo (que cabe ao professor bem formado e atualizado trazer), e a especificidade de sua própria cultura; em que o professor tenha condições de tratar os alunos como seres únicos a serem socializados, mas não descaracterizados; em que o prédio da escola possa ser o centro cultural do bairro com biblioteca, acervo de jornais e revistas e até – por que não? – uma gibiteca à disposição de todos. A escola pode ser um centro em torno do qual surjam grupos de teatro, cineclubes, atividades literárias, pessoas montando papagaios ou simplesmente conversando. Por que, em fins de semana, a escola não poderia reunir senhoras para fazer tricô e bater papo, homens para jogar xadrez e dominó, jovens e crianças das redondezas?

Em nossa periferia, onde as oportunidades de lazer fora de casa são mínimas, a escola fechada é uma ofensa ao cidadão e passa, com frequência, uma imagem de representante das forças de ocupação, uma imagem de invasora. Despi-la dessa capa, torná-la útil para toda a comunidade é um desafio fácil de vencer com vontade política, competência e criatividade. E coragem para tomar emprestado, de antigas administrações, políticas que não podem ser desprezadas apenas por provirem de homens hoje sem poder.

Não tenho nenhuma dúvida de que um trabalho de base feito com o envolvimento de professores, alunos, comunidade e governo teria resultados bastante satisfatórios num lapso de tempo curto. A mudança de atitude das pessoas com relação à escola, baseada num sentimento de responsabilidade mútua, poderia constituir o ponto de partida para uma importante virada.

Afinal de contas, cidadania é participação, é ter direitos e obrigações, e, ao contrário do que muitos pensam, se aprende na escola.

A educação, o público e o privado

Há algumas semanas, um empresário publicava na primeira página deste jornal matéria paga em que escrachava o prefeito de São Paulo, Paulo Maluf, por uma razão que lhe parecia muito justa: o alcaide havia mandado derrubar uma loja que o senhor George Gazale construíra. O único detalhe é que a tal loja fora construída *na calçada* de uma avenida movimentada. Em entrevista, o empresário reconhecia que a construção não era lá muito regular, tinha sido feita no passeio público, mas insistia em que o prefeito, ao demolir sua construção, fora infiel à amizade que cultivavam – e isso é que contava...

Embora nascido em outro país, o senhor Gazale mostrou ter incorporado um padrão de comportamento comum em setores da elite brasileira: a privatização do Estado, do coletivo, do público. De fato, não é muito diferente a atitude de políticos que contratam (ou melhor dizendo, colocam na folha de pagamento) metade da família para cargos de uma duvidosa "assessoria parlamentar", daqueles que acham legítimo impingir aos pedestres as guaritas que infestam as ruas de nossos bairros residenciais ou constroem garagens que invadem as calçadas, já previamente estreitadas por "coroas de cristo" e outras plantas espinhosas. Uns e outros, políticos e moradores (e os Gazales da vida) acham legítimo, ou ao menos tolerável, se apropriarem de dinheiro ou espaço que não lhes pertencem, e sim à comunidade. O conceito subjacente a essas ações é aquele segundo o qual o que é meu é meu, o que é de todos não é de ninguém, portanto vamos nos apropriar antes que apareça um outro esperto e o faça (ou, na histórica fórmula de D. João VI receitada para seu filho, antes que um aventureiro lance mão).

Claro que, ao mandar edificar uma guarita na calçada, o morador está pensando em sua segurança, o que é legítimo. O que talvez não seja tão legítimo é aumentar a falta de segurança dos pedestres ao atirá-los na rua, ao sabor dos veículos.

Os exemplos acima mostram claramente que certos setores da população, ao não receberem do Estado certos serviços que muitos países fornecem a todos, conseguem resolver o seu problema por meio da iniciativa privada ou de pressões sobre os governantes para que suas reivindicações sejam atendidas. Assim não age a maioria do povo, que não tem dinheiro nem influência para ter suas necessidades básicas resolvidas. O atendimento médico do INSS não funciona? Acionem-se as empresas de saúde. Escolas públicas não agradam? Coloquem-se os filhos em escolas privadas. Falta segurança? Contratem-se guarda-costas. Aqueles que têm poder e influência para conseguir que o Estado resolva (ou, ao menos, equacione) os principais problemas de toda a comunidade não vão além da busca de solução das questões que os atingem diretamente. Os demais não possuem ainda, em nossa frágil democracia, veículos institucionais de expressão política, donde resulta, em termos práticos, sua marginalização. Sem nada a perder, colocados do lado "de fora" da sociedade que consome, define e é ouvida, os "à margem" acabam constituindo ameaça para os "de dentro", com as consequências que todos sabemos tão bem.

Em termos individuais é compreensível a construção de grades nas casas, a contratação de guarda-costas, o medo e o pânico com relação aos iguais, o atendimento telefônico paranoico (ninguém mais diz o número do telefone chamado), a raiva contra os pequenos ladrões e o ódio homicida contra os assaltantes. Mas em termos coletivos há que lutar por mudanças estruturais que tornem o Estado uma entidade voltada para todos, e não um órgão privatizado para alguns. Cabe ao Estado propiciar a todos, *indistintamente*, acesso ao mínimo que possa fazer incluir o habitante do país na categoria de cidadão, como saneamento básico, atendimento digno na área de saúde, escolas com professores dignamente remunerados, motivados e com boas bibliotecas à disposição; transporte coletivo decente, com ônibus dotados de câmbio automático (para evitar solavancos), degraus escamoteáveis (para que possam ser "escalados" com menos dificuldades) e, se não for pedir muito, montados em chassis próprios, e não de caminhão; um pouco de segurança, pois não só a classe média e os ricos são vítimas da violência. Como se vê, há que universalizar alguns benefícios públicos que estão hoje francamente privatizados para que tenhamos um país de cidadãos.

O fato é que no Brasil as coisas aconteceram ao contrário: privatizamos a educação e saúde, privatizamos saneamento básico e segurança, privatizamos transporte, direito ao lazer e até espaços públicos, e hesitamos em privatizar empresas que poderiam ser gerenciadas com mais eficiência pela iniciativa privada. Não entendo bem por que todo o povo deve pagar, com os impostos, os salários, mordomias, clubes e aposentadorias especiais de funcionários de estatais, mesmo as raras que operam no azul. Por outro lado, temos a saúde agonizante, a educação falida, cidades inteiras sem esgotos e água tratada, espaços públicos incorporados por particulares e lazer quase inacessível à maioria da população.

É condição fundamental da democracia dar igual oportunidade a todos. E isso começa com uma escola pública de qualidade. Entretanto, o que temos no Brasil são dados assustadores a respeito de repetência, evasão escolar, qualificação e atualização de professores, existência e utilização de bibliotecas escolares, e por aí afora. Nosso sonho de "tigre" sul-americano pode virar pesadelo se não se começar a pensar a escola como investimento e espaço de formação de cidadania, e não apenas como local de distribuição de merenda escolar e benefícios de políticos fisiológicos.

Em palestras que tenho feito em lugares tão diferentes como Goiás Velho (GO), Jacobina (BA), Santos (SP), Maringá (PR) ou Três Lagoas (MS), falando para até 1.500 professores em algumas ocasiões, tenho podido testemunhar a perplexidade e a esperança dos mestres com relação ao futuro do governo. O momento é único, pois a esperança não se inocula nas pessoas na hora em que se quer. A um sinal, um pequeno sinal do governo, teremos o professorado do país inteiro reagindo com vontade. Depois, é agir com competência.

Pacto da mediocridade

Raramente um candidato a posto eletivo se esquece de mencionar a prioridade da educação em sua plataforma de governo e em seus pronunciamentos públicos. Difícil é ele, uma vez eleito, manter o compromisso assumido em campanha. Nesse sentido deve-se ser justo: poucas vezes um governo tem oferecido tantas notícias referentes à educação e um ministro da área tem estado tão exposto à mídia. Os motivos têm sido as medidas impactantes, como a avaliação dos alunos das universidades por meio de exames de final de curso. Que as universidades brasileiras têm problemas, e sérios, todos temos de reconhecer. Ao mesmo tempo em que encontramos centros de excelência espalhados por todo o país, temos de admitir a existência de unidades em que a hierarquia é baseada em tempo de serviço, e não em titulação, em poder político vindo de fora, e não decorrente de uma produção acadêmica legitimadora. Tenho visto centros universitários (?) em que os professores se dignam a dar apenas uma aula quando sua presença não é requerida em fazendas de sua propriedade ou em suas lojas, ou mesmo seus consultórios. Tudo isso ocorre, frequentemente, com a condescendência dos colegas, mesmo daqueles que "carregam o departamento nas costas". Também ocorre, e todos sabemos disso, o notório "pacto da mediocridade", segundo o qual o professor finge que ensina, o aluno finge que aprende, a nota é dada com generosidade e estamos conversados. Há até unidades de

ensino em que qualquer coisa assemelhada à prova é logo carimbada de "avaliação autoritária", logo substituída por trabalhos em equipe que proporcionam, com frequência, a simples aposição de nomes por parte de alunos absenteístas, mas amigos daqueles que de fato fizeram o trabalho. Como dizia o filho de um amigo meu, em muitos cursos, o difícil é conseguir não passar de ano.
 Se isso ocorre em universidades consideradas de bom nível, o que dizer das verdadeiras máquinas de fazer dinheiro em que se transformaram muitas das escolas que, graças a uma liberalidade excessiva do antigo Conselho Federal de Educação, recebem hoje o indevido título de universidade? Em vez de motivadas aulas noturnas, tenho testemunhado soturnos encontros entre alunos desmotivados e professores desanimados em escolas onde é possível ao aluno concluir o curso sem ter lido um único livro inteiro, uma vez que eles costumam ser substituídos por fatias autoritárias de saber, as cópias xerox.
 Como se vê, há muito para melhorar no ensino superior, e certas soluções nem sequer dependem de medidas provisórias ou leis regulares, uma vez que podem ser resolvidas no interior das próprias universidades. Que tal, por exemplo, exigir que o professor em regime de dedicação exclusiva se ocupe quase exclusivamente da docência, da pesquisa e de trabalhos com a comunidade? Que tal exigir a titulação dos docentes, mas dar-lhes, efetivamente, condições para que seus cursos de pós-graduação e teses possam ser realizados? Que tal destinar verbas para as bibliotecas (refiro-me, no caso, a livros, muitos livros, não à construção de edifícios-sede), em vez de subsidiar a compra e utilização de máquinas copiadoras? Que tal, que tal, que tal... ?
 De resto, o que, sim, o país está esperando são medidas decisivas com relação à formação e atualização de docentes para o ensino fundamental, onde tudo começa. Afinal, antenninhas parabólicas à parte, sem bons docentes não há ensino decente.

Em defesa da universidade

Preocupado com os problemas das universidades paulistas – sabidamente as melhores do país em qualidade de ensino, produção científica e formação de quadros para as demais universidades –, o governo do Estado se empenha em torná-las ainda melhores, mais produtivas e eficazes. Certo? Errado. O secretário da Fazenda sai a público para pregar a diminuição de verbas para a universidade, sob o lamentável pretexto de que nela não entram estudantes de escolas públicas, e, sim, de particulares, que poderiam e deveriam pagar suas mensalidades, desobrigando o Estado dessa função. Uma rápida averiguação nas assessorias de imprensa das três universidades paulistas nos fornece dados surpreendentes. Cerca de 27% de vestibulandos aprovados em 95 na USP e na Unicamp e 50% na Unesp estudaram em escola pública! Os dados são significativos para mostrar que as universidades estaduais não são, como muitos imaginam, escolas de filhinhos de papai, que lotam os pátios de estacionamento com carros de último tipo e exigem o sacrifício de toda a população. Claro que esses números poderiam ser relativizados se se analisassem os percentuais por área. Mesmo assim, desmistificam muitas bobagens que vêm sendo ditas impunemente sobre o assunto.

Algum idiota da objetividade quantitativa – e há muitos soltos por aí – poderia logo pensar em algumas medidas a serem tomadas para fazer com que alunos de escolas públicas entrem em maior número nas universidades públicas. Poder-se-ia, por exemplo, determinar que, em cada curso, metade das vagas (ou mais) ficasse para eles. Que 15% das vagas ficassem para estudantes carentes. Que 23,54% ficassem para quem cursou escola pública noturna de periferia etc. Poderíamos também fazer o contrário, definindo um limite máximo para alunos oriundos de escolas sabidamente competitivas. Por exemplo, determinar apenas uma vaga na Engenharia da Poli para quem fez o colegial no Bandeirantes. Ou uma só para ex-estudantes do colégio Oswald de Andrade na ECA. Solução? Não! Nivelamento por baixo. É isso o que deseja um país que precisa se desenvolver com qualidade para não deixar de pegar o já distante bonde da História?

O caminho não passa, é claro, pelo rebaixamento do nível da universidade pública, para que os alunos mal preparados nela possam entrar, mas pela elevação do nível das escolas públicas de 1º e 2º graus, para que seus alunos tenham condições de competir em pé de igualdade com os das particulares. Porém, como investimento em educação não dá retorno imediato, nem manchete de jornal, os efêmeros donos do poder investem contra as universidades estaduais e as culpam (espantem-se, senhores!) por ter qualidade.

Há quem critique as universidades públicas em geral, e as paulistas em particular, esgrimindo seus custos, em comparação com os particulares. É preciso que se diga logo, e com clareza, que a mesma denominação engloba instituições como a Unesp, a USP e a Unicamp, e empresas caça-níqueis que receberam o título de universidade graças à, digamos, liberalidade excessiva de antigos ministros e Conselhos de Educação. Temos "universidades" sem bibliotecas, sem pesquisa, sem quadro fixo de professores, sem pensamento crítico, sem preocupação científica, sem nenhum compromisso com a educação. Sua preocupação é que as mensalidades dos alunos estejam em dia e que a ideia da ascensão social pela educação não deixe de frequentar o imaginário das famílias. Como é que se pode comparar a Unigrana ou a Unidroga com escolas que são verdadeiros centros de excelência? Apesar de seus defeitos, nossas universidades representam aqui o que Yale ou Harvard representam nos EUA. E aqui, como lá, qualidade custa dinheiro.

Como é que um Estado que tem verba para colocar no saco sem fundo dos bancos oficiais, nas burras furadas dos banqueiros falidos, mas sempre milionários, na construção de palácios dourados para os três poderes, no sustento de milhares de "aspones" borboleteando em torno de deputados, senadores, ministros, secretários e outros menos votados, tem a cara de pau de insinuar que para resolver o problema do ensino fundamental se deve tirar dinheiro das melhores universidades?

É verdade que no interior dos institutos e faculdades se luta por vantagens e poder. Círculos próximos ao reitor recebem vantagens e privilégios inacessíveis ao comum dos mortais. Há setores em que o corporativismo mais rasteiro permite a contratação e (o que é pior) a recontratação de exemplares antológicos da mais legítima mediocridade. A universidade pública também ainda não percebeu que dar uma satisfação à sociedade não é se esmerar em produzir relatórios convincentes, mas relatar uma produção científica convincente. E talvez valesse a pena pensar com seriedade em obrigar os bolsistas a devolver integralmente o valor das bolsas, caso não defendam suas teses e dissertações para cuja elaboração foram agraciados (o número de desistentes é assustador).

O que não se pode é, em nome de algumas práticas inadequadas – e que não passam de reflexo dos comportamentos encontrados em todos os setores de nossa sociedade –, submeter a universidade ao mesmo processo de sucateamento a que o ensino fundamental e de 2º grau da rede pública esteve sujeito. Vamos ser sérios!

O LIVRO TEM FUTURO?

Brasileiro não lê?

Lê sim: lê placa, lê pichação de muro, lê camiseta de presidente, legenda de filme, bilhete de amor (de preferência passado de forma disfarçada por baixo da mesa ministerial); lê também denúncias de corrupção, classificados de emprego e horóscopo. Lê xerox. Mas livro, livro mesmo, lê cada vez menos.

Sei que há dados falando do crescimento do mercado editorial. Odeio brigar com as estatísticas, mas o fato é que o propalado crescimento no mercado livreiro tem passado pelo aumento de compradores compulsórios e não de leitores voluntários. Explico melhor: com o crescimento da população em geral e da população escolar em particular, as editoras de didáticos colocam mais livro nas escolas, seja através de compras feitas pelos pais, seja através de órgãos governamentais que adquirem livros para os estudantes através da FAE. Sabe-se que, só para a FAE, uma grande editora vendeu 17 milhões de exemplares, em 1991, enquanto empresas que vendem romances ou ensaios dificilmente chegam a um total de 1 milhão de exemplares por ano e muitas editoras tradicionais como a Paz e Terra, Marco Zero ou Hucitec não alcançam 200 ou 300 mil. E, o que é pior, começaram 1992 vendendo menos ainda. Como consequência disso, passam a publicar cada vez menos.

O fato é que estaremos privados de ler, este ano, bons romances, ótimos ensaios e excelentes pesquisas. Trabalhos de alto nível produzidos por nossas melhores universidades, fruto de anos de trabalho de professores pagos pelos cofres públicos, com pesquisas financiadas por CNPq, Fapesp, ou outros órgãos, só serão acessíveis a meia dúzia de conhecidos do autor, quando, em muitos casos, interessariam a um público bem mais amplo. Nesse caso, por que as editoras não publicam essas pesquisas e ensaios? A resposta é fácil. Porque não conseguiriam ter de volta o dinheiro investido. Porque a única fonte de renda de uma editora é a venda de livros e venda de livros está virando atividade em extinção entre nós. Porque quem precisa ler livros ou não tem dinheiro para comprá-los (é o caso de professores da rede pública, que mal ganham para o seu sustento) ou tem o mau hábito de forçar uma doação alegando seu papel de "multiplicador". Mas isso não é o pior: a tragédia é a inexistência de uma política de compras por parte das bibliotecas e órgãos públicos e o uso desenfreado e criminoso do "xerox".

Enquanto nos EUA ou na Europa as bibliotecas constituem-se em mercado privilegiado para obras significativas e, portanto, fonte de lucro para as editoras, entre nós, é hábito de bibliotecas grandes e pequenas, de classe ou universitárias, pedirem e até mendigarem livros das editoras, alegando falta de fundos, acenando com o fato de serem "vitrines" privilegiadas, até chantageando ao garantir que quem não mandar livros não terá adoções (o que não significa, em contrapartida, garantia de adoção com o envio dos livros...). Dizia-me um editor, com mais de mil títulos no catálogo e especialista na área de educação, que estava cansado de suprir bibliotecas particulares e públicas com sua força de trabalho, os salários de seus funcionários e os direitos autorais dos seus autores... Toda editora que trabalha com livros que podem ser considerados, de alguma forma, paradidáticos, tem em seus arquivos centenas de pedidos de delegacias de ensino e bibliotecas escolares que solicitam o "livro do professor" (figura exclusiva de livros didáticos), obra feita para professores (se o professor não comprar, quem o fará?). Além disso, há a nefanda figura do xerox (sei que é marca registrada, mas sua notoriedade tem que ser para o bem e para o mal...). Em vez de livros lê-se xerox nas universidades. Não xerox de duas ou três páginas de um texto de Josephus numa edição bilíngue greco-inglesa, nem o artigo daquele antropólogo francês publicado numa revista já extinta. Não. Xeroca-se (sinto muito, o verbo corrente é este) tudo: metade do livro de Paul Singer publicado pela Atual, obras inteiras da coleção *Primeiros Passos* da Brasiliense; trabalhos de economia e administração da Nobel e da Atlas. Eu mesmo tive a discutível honra de receber um de meus livros totalmente xerocado, com capa e tudo numa edição (!) do xerox central de uma universidade federal...

Por que se xeroca? "Porque o livro é caro", "porque é difícil de ser encontrado", são as alegações mais comuns.

Quais os problemas decorrentes do xerox? Primeiramente o desestímulo ao editor e ao autor, este deixando de receber direitos autorais, desistindo, portanto, de produzir novas obras, aquele não conseguindo vender o mínimo necessário para ter o retorno do seu investimento e desistindo de publicar novas obras, inibindo assim a circulação do saber. É pouco?

O livro é caro (e de fato o é) também porque as tiragens são pequenas, fazendo com que o custo fixo seja alto, não se diluindo num número maior de exemplares. Tirar xerox (e fazendo com que o mercado comprador se estreite mais ainda) não fará, com certeza, o livro baixar de preço. De resto, excetuando casos de impossibilidade financeira absoluta, o que me preocupa é a falta de prioridade que as pessoas estabelecem para a compra de livros. Às vezes, estudantes têm dinheiro para o chope, para o combustível, para viagens, mas não priorizam a compra de livros, a formação de uma biblioteca pessoal.

Uma política sistemática de compras de obras por parte de bibliotecas públicas (como algumas começam a fazer); a criação e ampliação de boas livrarias nas universidades e faculdades, um salário decente para professores poderem comprar seus livros sem abrir mão do leitinho dos filhos; a consciência da necessidade da formação de bibliotecas básicas de consulta e não de "xerotecas" descartáveis e a preocupação de reitores e diretores em promover o livro em suas unidades (e não de estimular cópias reprográficas através de xerox subsidiados) são algumas medidas urgentes e necessárias para impedir o colapso da circulação do saber em nosso país.

A situação é dramática.

O fim do livro

O livro no Brasil está acabando. Sim, aquele conjunto de papéis impressos com páginas numeradas e capas coloridas – aquele objeto que nos faz viajar sem riscos, conhecer sem limites, sonhar sem medo – é hoje um doente terminal. Dirá o sagaz leitor que já previra isso há muito tempo, uma vez que a informática, por ser um veículo mais moderno, acabaria mesmo por destronar objeto tão antigo. Sem nenhum menosprezo à sua sagacidade, caro leitor, não é disso que estou falando. Falo do fim do livro no Brasil (e não no mundo) por decisão nossa e por nossa exclusiva responsabilidade. Basta ver o que já está acontecendo tanto com o livro universitário como com o didático, para a escola básica.

O livro universitário pode ser, grosseiramente, dividido em três diferentes linhas: as teses acadêmicas e as pesquisas originais, as obras de divulgação e, finalmente, os manuais. Há poucos anos, diversas editoras costumavam rondar os departamentos das principais universidades brasileiras atrás de pesquisadores (especialmente na área de Humanas) que tivessem alguma coisa para eventual publicação. Teses de professores mais conhecidos eram arduamente disputadas e sua edição, precedida de intensa agitação intelectual, debates, resenhas e tudo o mais, após lançamentos concorridos. Edições sucessivas premiavam autor e editora e o pensamento brasileiro tinha espaço para se manifestar. Hoje, com centenas de cursos universitários espalhados pelo país – o que deveria representar um aumento de mercado consumidor –, é comum vermos trabalhos importantes serem recusados por editores assustados, e o trabalho de anos de numerosos pesquisadores permanecerem para sempre inéditos, a não ser pelos poucos leitores que tiveram acesso às pesquisas através de meia dúzia de cópias xerografadas. Assim, um imenso investimento feito por um país pobre como o nosso no salário do pesquisador, em bolsas, em arquivos e em viagens, acaba sendo jogado fora porque a sociedade acaba não tendo acesso ao resultado da pesquisa.

Por que isso acontece? Porque as editoras ficaram com ojeriza a teses, não podem ouvir a palavra pesquisa e relutam em publicar obras de divulgação e até manuais universitários? A resposta é óbvia: porque esses livros não vendem. E não vendem porque o país está afundado numa depressão e os professores ganham muito mal. Mas não é só por isso. Esses livros não vendem porque, com raras exceções, as bibliotecas em nosso país não têm uma política consistente de compra de livros (quando têm alguma política), muitos professores não usam livros, apenas xerox de capítulos, e as universidades, por meio de seus reitores, em vez de comprarem livros para suas bibliotecas permitem mais e mais máquinas xerox, que são utilizadas de forma criminosa, lesando o autor (que não recebe direitos autorais), a editora (que não vende o livro) e o aluno (ao qual não é dado o direito de conhecer o livro todo, apenas capítulos de obras sem título, sem autor, sem proposta nem conclusão). Nessas condições, qual o estímulo para a produção intelectual? Dentro de poucos anos estaremos todos sem saber o que se produz nas universidades, e em mais alguns anos nada mais será produzido, a não ser que os universitários resolvam levar ao paroxismo a ideia de escrever apenas para o coleguinha de sala. E os senhores reitores têm grande responsabilidade nesse processo de sucateamento da produção intelectual brasileira.

A nova febre do livro

A Saraiva abriu algumas "megashops" em shopping centers da cidade. A Ática montou um "shopping cultural" com três andares de livros. A Cultura ampliou seu espaço no mesmo local onde já vinha atuando. Pela boca dos diretores e pelos olhos dos visitantes se percebe que todos esses empreendimentos são muito bem-sucedidos. As lojas vendem bem, as editoras têm mais espaço para expor seus produtos, autores recebem mais direitos autorais e visitantes têm mais opções. Isso é bom para o livro, para a cultura? Na opinião de alguns críticos, não.

Comenta-se que, massificado, o livro perde sua aura de bem cultural e se transforma em simples produto comercial, que supermercados de livros são a negação das livrarias aconchegantes com cheirinho de papel, que o atendimento precisa ser pessoal, individualizado, o que é impossível nesses imensos empórios de livros.

Não deixam os críticos de ter certa razão. Todo bibliófilo adora pegar o livro, atraí-lo para si, apalpá-lo sensualmente, examiná-lo minuciosamente, embriagar-se com o seu buquê, como se faz com vinho de boa cepa, sentir a consistência da capa e do miolo, observar a diagramação, o entrelinhamento, a tipologia, as ilustrações; depois disso, folheá-lo para ver se consegue estabelecer empatia com o autor, envolvimento com o tema, respeito pela abordagem teórica ou pelo foco narrativo. Só então vai pensar numa possível compra. Mas nem todos são bibliófilos e seria injusto, mesmo que desejável, ter uma sociedade de amantes do livro. O que precisamos, se ainda nos resta alguma ilusão de grandeza como país, é ter uma sociedade de leitores. E, para ter leitores, necessitamos de autores, editoras e livrarias de todos os tipos e para todos os gostos.

Seria uma ilusão pensar que o livro ainda preenche o mesmo papel de "fuga da realidade" que exercia há décadas: as horas que ficamos diante da televisão vendo novelas, enlatados e filmes de roteiros boçais são, muitas vezes, roubadas daquelas em que nos ocupávamos de produtos equivalentes, só que impressos. Entretanto, lê-se cada vez mais por razões profissionais, para entender o mundo, para chegar perto de Deus, para passar de ano na escola, para buscar ajuda e por uma série de razões intelectualmente menos nobres, mas se lê.

Talvez alguém diga que agora se lê apenas o que é veiculado na mídia e há muitos romancistas sem recheio, gurus sem mensagens, humoristas sem graça e historiadores sem cultura. É verdade, sem dúvida, mas, como diria Darnton, não foi sempre assim? Em que época não tivemos autores que conseguiam se promover maravilhosamente declamando seus poemas empetecados em saraus e gabinetes de leitura, lançando olhares apaixonados e provocando desmaios suspeitos nas mulheres da *melhor sociedade*? Ou críticos literários tão ordinários que não conseguiam ver nada de extraordinário em Machado de Assis? Ressalvada a questão de densidade, sempre tivemos muitos livros ruins e poucos livros verdadeiramente bons.

A verdadeira questão é que para ter boas editoras com bons autores e livros de qualidade precisamos ter uma ótima rede de distribuição, livrarias de todos os tamanhos, que, para sobreviver, precisam vender de tudo. Por sinal, com as honrosas exceções que sabidamente confirmam a regra, a maioria das livrarias menores não trabalha apenas com o que há de melhor, mas com o que há de mais vendável, ou seja, os best-sellers, os pseudobest-sellers e os candidatos a best-sellers, enquanto as livrarias maiores podem trabalhar com um espectro bem maior de obras, simplesmente por disporem de espaço de exposição maior. Quero dizer que quanto mais livrarias houver, mais livros bons estarão à disposição dos bibliófilos, o que seria evidente se não houvesse um ranço pré-capitalista e elitista dificultando a compreensão das pessoas. O fato é que o livro é um produto. Não o é quando é escrito, nem quando é lido e, às vezes, quando é editado (o verdadeiro editor é aquele que transforma uma boa ideia num bom livro, sabendo traduzir a necessária subjetividade do escritor em atraente leitura para o consumidor), mas é vestido, acondicionado, enfeitado, transportado, vendido, revendido, trocado por dinheiro, de forma semelhante à de outros produtos de nossa sociedade. Mantém a sua especificidade, mas, se não for concebido como produto, fracassa e, com ele, as ideias e ideais que carrega, por mais significativos que sejam.

 Assim, senhores, sejamos sérios. Que cada um leia o que quiser, mas leia. E se, na pior das hipóteses, for apenas um desses consumidores compulsivos que, uma vez descompensados, precisam comprar, comprar, comprar, que ao menos compre um livro. Quanto mais se venderem livros, maiores serão as edições e assim o preço ficará mais baixo para os leitores de verdade. E isso é bom para todos.

GRÁFICA PAYM
Tel. [11] 4392-3344
paym@graficapaym.com.br